그 뜻 누가 알리오!

그 뜻 누가 알리오!
독립운동가 이석영 선생 약전(略傳)

기록 노항래 감수 왕현종 연세대학교 역사문화학과 교수

도서출판 은빛

목 차

추천의 글　6
"그분, 아무에게도 알리지 않고 돌아가셨다"
- 우당교육문화재단 이사장 이종찬

프롤로그　11
누가 그를 아는가?

이석영 약전(略傳)　20

 1. 만석꾼 '가오실 대감'의 아들　23

 2. 앞에서 끌어주고 뒤에서 밀어주며　41
　　• 헤이그 밀사 사건　54
　　• 신민회　57

 3. 근대화, 자기혁신의 길　59

 4. '우리 형제, 대의를 따라 살겠노라!'　63

 5. 고국을 등지고 건너는 압록강　74

 6. 조선인 자치조직 건설에 앞장서　85

 7. 신흥무관학교를 세우다　92
　　• 신흥무관학교 출신들, '신흥학우단' '백서농장'　104

8. "이제 내 회갑 차려라!"   110
   • 고종 망명 추진   117
   • 만주 지역 여러 민족학교들의 역할   120
   • 신흥무관학교 뒷이야기   123

9. 가난과 싸우며   127

10. 형제의 우의로 돕고 견뎌   137

11. 서산에 해 떨어지는데 갈 길은 멀다   149

12. 천하에 할 말이 있다!   166

참고자료   174

이석영 연보   176

시대 인물록   179

저자 후기   198

추천의 글

"그분, 아무에게도 알리지
않고 돌아가셨다"

　언제부터인가 우리 집안에서는 거의 신격화된 할아버지의 이야기가 어른들의 입에서 회자(膾炙)되곤 했다. "우리의 독립운동은 영석(이석영 선생의 호) 할아버지의 공이 가장 컸다. 그런데 그분은 아무에게도 그 공을 알리지 않고 돌아가셨다." 이런 어른들의 말씀을 들을 때마다 '왜 그러셨을까?' 나의 의문은 소년 시절부터 제기되었지만 이제 인생 말년이 되어서야 조금씩 그 뜻을 알게 되었다.

　우리 할아버지 6형제는 1910년 나라가 일본에게 완전 강탈당한 이후 전국의 뜻있는 동지들과 밀약 하에 첫 번째로 정치적 망명을 하셨다. 무장 독립투쟁의 길을 선택하신 것이다. 6형제가 가산을 전부 헐값에 팔고 부랴부랴 떠나셨지만, 대부분은 석영 할아버지의 재산이었다. 그분은 귤산 이유원 영상 댁으로 양자를 가셨는데, 어마어마한 재산을 상속받았다. 당시 다섯 손가락 안에 꼽히던 부자였는데 그 재산을 처분하신 것이다. "나라가 쓰러졌는데 가문이나 재산이 무슨 소용이 있겠는가?" 이 한 마디뿐이었다.

그런데 우리는 여기서 재미있는 역사의 한 토막을 읽을 수 있었다. 할아버지 6형제는 마치 영화 〈황야의 7인〉에서 보는 것과 같이 손발을 척척 맞춰 역할 분담을 하셨다. 일을 꾸미는 재주(모사 謀事)는 넷째 이회영, 일을 빈틈없이 추진하는 재주(성사 成事)는 다섯째 이시영, 꾸며 놓은 일을 수성(守成)하는 재주는 셋째 이철영, 형제들을 인화(人和)시키는 역할은 첫째 이건영, 형님들의 일을 하나하나 챙기는 심부름(역사 役事)은 여섯째 이호영….

그러나 이런 큰일을 위해 뒷받침해 줄 재력을 제공하는 것은 둘째 이석영의 몫이었다. 아무리 좋은 총도 탄환이 없으면 공포이듯이 아무리 탁월한 계획도 예산이 없으면 허탕 아닌가? 이를 예견하고 투자할 줄 아는 안목이 제일 중요했다.

하지만 이석영 할아버지는 일생을 익명성(匿名性)을 누리고 가셨다. 나는 독립운동사 가운데 역사적인 전환점에서 크게 역할을 하신 분들은 대개 이름이 가려져 있다는 사실을 말하고 싶다. 그분들은 당신들이 하신 일에 대하여 자랑하고 싶은 마음이 추호도 없었던 것이다. 남은 약간의 사진이나 기록들도 적(왜경)에게 빼앗기지 않기 위해 불살라 버리곤 했다. 보재 이상설(溥齋 李相卨)도, 석주 이상룡(石洲 李相龍)도, 시인 이육사(李陸史)도 거의 기록이 없다.

우리나라만 그런 것이 아니라 외국에도 그런 사례가 많다. 프랑스 레지스탕스 역사에서 가장 영웅적으로 싸운 시인 루이 아라공(Louis Aragon, 1897-1982)은 몇 편의 시를 남겼다. "죽음이 오는 데에는/거의 일순간도/걸리지 않을 것이다/그러나 마침 그때/알몸의 손이 와서/나의 손을 잡아주었다…." 인간이 태생적으로 무소유임을 말하고 모든 투쟁을 여기서 출발시킨 시인이다.

이석영 할아버지도 만약 시재(詩才)가 있으셨다면 한 편이라도 당신의 몸가짐, 익명의 뜻, 무소유의 경지로 들어간 허탈… 등을 시로 남기셨을 터인데, 불행하게도 그분은 혼자 가슴 속에 담고 가셨다.

금년은 무장독립전쟁 100주년 되는 해다. 올해 이석영 할아버지를 8월의 독립운동가로 선정한 것은 참으로 시의적절하다고 생각하며, 수고해주신 여러분에게 우선 감사를 표한다.

그리고 이때를 맞추어 평전을 내고자 저자 노항래 선생은 이석영 할아버지의 깊은 삶의 뜻과 궤적을 찾고자 무진 노력했다. 그분이 돌아가신 지 86년 만에 이루어진 일이니 얼마나 힘들었겠는가? 조각조각 남은 흔적을 모으고 정리하여 마치 퍼즐을 맞추듯이 이석영 할아버지의 생애를 정리하여 평전을 써서 세상에 빛을 보게 하셨으니, 참으로 대단한 작업을 하신 것이다.

한편 이석영 할아버지에 대하여 그분의 고향, 그분이 처분한 재산의 소재지인 남양주시에서 조광한 시장이 중심이 되어 그분의 이름을 기리는 '이석영광장'이 조성되었고 '이석영뉴미디어도서관'이 마련된 것은 할아버지 6형제 모두에게 큰 영광을 드리는 것이라 생각한다.

혈손이 남지 않은 이석영 할아버지에 대하여 나는 종손(從孫)으로서 집안 식구들을 대리하여 노항래 선생과 할아버님의 일생을 현창해 주신 모든 분들께 감사한 마음을 진심으로, 진심으로 전하고 싶다.

두루 모든 일에 감사합니다.

2020년 7월
우당기념관에서 이종찬

> 알림

- 이석영 생전의 우리나라는 '조선'으로 표기합니다. 1897년 이후 국권침탈 시까지의 정식 국가명은 '대한제국'이 맞습니다만, 대한제국을 조선 왕조의 연속으로 볼 수 있고 또한, 일제강점기 때까지도 '조선'을 국호로 인식하였기에 이를 따릅니다.
- 중국의 지명이나 중국인 이름은 읽기의 편리를 따라 한자어를 우리 음으로 읽은 것으로, 현지어와 다릅니다.
- 이석영 선생의 호는 '영석'으로 알려져 있습니다. 선생이 직접 쓴 기록이 없으나, 많지 않은 지인의 기록 등에 일관되게 나타나는 표기이니 틀림이 없습니다. 다만, '영석'의 한자 표기가 쉽지 않습니다. 〈동아일보〉 기사 등을 보면 '영' 자가 '빼어나다'라는 뜻의 '穎(영)' 자의 왼쪽에 '수 변(氵)'이 더해진 글자로 표기되는데, 현재 '아래아한글' 등에서 이 글자는 지원되지 않습니다. '석' 자는 '돌 석(石)' 자입니다. 책에서는 이석영 선생의 호를 특별히 기재하지 않았습니다.

프롤로그

누가 그를 아는가?

　독립운동을 하는 데 무엇이 가장 어려운 일일까.

　총을 들고 사선을 넘는 무장투쟁의 길에 나서는 것일까. 감시의 눈초리를 피하며 의로운 뜻을 넓히고 사람들을 조직하는 일일까. 문자를 말살하려는 강압에 맞서며 우리 민족의 혼이 담긴 글로 침략자를 꾸짖고, 우리의 대열을 고무시키는 일일까.

　정황을 상상해보면 쉬운 일이 없다. 모두 어려운 일이다. 어느 길이든 뜻이 없다면 나설 수 없는 일이다.

　그런데 그만큼, 어쩌면 그보다 더 어려운 일이 있다면, 역시 자신의 것을 다 내놓는 것이다. 집을 내놓고, 전답을 내놓고, 돈궤에 쌓여 있거나 은행 통장에 모아진 돈다발을 내어놓는 것. 오늘 그리고 내일 먹을 양식, 불안하기만 한 미래의 담보를 내어놓는 일, 그건 의로운 뜻으로 전선에 나서는 것만큼, 어쩌면 그보다 더 어려운 일일 것이다. 역시 뜻이 없다면 할 수 없는 일이다.

우리가 알듯이 일제하에서 밖으로는 식민통치에 협조하는 척하며 임시정부, 무장부대, 기타의 독립운동가들에게 재산의 일부를, 상당한 독립운동자금을 책임진 자산가들이 없지 않다. 때로는 강압에 밀려 심지어는 생명에 위협을 느껴 독립운동자금을 내놓은 부자들도 있고, 독립운동가들이 써주는 채권을 구매한 재산가도 꽤 있었다고 한다. 그런데 전재산을 내놓은 사람은 흔치 않다. 여기 그런 사람으로 꼽을 수 있는 한 선각자, 이석영이 있다.

그가 일제의 한반도 강점이 스무 해를 넘기고, 일본군이 중국 본토로 진입하면서 만주국을 세우고 동아시아에서 일제가 군국주의 패권을 한층 강화하던 시기, 조국 독립의 가능성은 점점 멀어지는 듯 나라의 미래를 장담할 수 없던 때, 1934년 2월 어느 날 중국의 상해 후미진 뒷골목 초라한 집에서 눈을 감는다.

그가 별세한 후 십여 일이 지난 뒤 국내의 한 언론에 "쓸쓸히 영면하였다"라며 그의 죽음을 알리는 기사 하나가 확인된다.

영석穎石 이석영 씨李石榮 氏 상해上海 객창客窓에서 영면永眠

- 북만(北滿)으로 니령(泥寧)으로 유랑(流浪) 30년
- 유해(遺骸)도 이역(異域)에 매장(埋葬)

영석 이석영 씨는 지난 16일 오후 2시에 상해 불조계(佛租界)

아이배로(亞爾培路) 서가고교우(徐家庫僑寓)에서 향년 80을 일기로 서거하였는데, 씨는 경술년에 자기의 가산 전부를 팔아가지고 가족을 데리고 조선 땅을 떠난 후 30년에 가까운 세월을 북만주와 북경 상해 등지로 유랑하며 파란중첩한 생활을 계속하다가 모진 병마에 걸리어 작년 겨울 이래 신음하던 바 드디어 그와 같이 세상을 떠났다는데, 임종 시에는 동씨의 아우인 이시영 씨도 딱한 사정으로 항주에 잇게 되어 만나보지 못하고 쓸쓸히 영면하였다고 한다.

그런데 장례식은 지구(知舊), 오랜 친구들의 도움으로 무사히 지난 20일에 상해 홍교로 공동묘지에 안장하였다고 한다.

[동아일보 1934년 2월 28일]

그의 죽음을 알리는 기사가 적고 있듯이 그는 자기의 가산 전부를 팔아 압록강을 건너 만주에 터를 잡고 이주해 오는 조선인들을 모으고 돌보며 조선인 사회를 일궜고, 그 집단 거주지를 토대로 독립운동의 기반을 구축했다. '삼한갑족'으로 불린 한 가문의 중심인물, 조선에서 열 손가락 안에 꼽히던 부자 중 한 사람, 대과에 급제하고 정언·수찬·승지 등의 고위 관직을 역임하다 50세 즈음에 관직을 스스로 내려놓고 초야에 묻힌 학자, 섬기던 나라 조선이 주권을 빼앗기자 형제들과 결의해서 조국 독립의 날을 기약하며 고국을 떠

이석영 사망을 알리는 신문 기사

난 결의인.

그렇게 한 시대를 살아낸 이석영의 말년과 별세의 장면은 우리네 인간적 정리로 연민과 안타까움을 감출 수 없게 한다. 끼니가 없어 굶기를 밥 먹듯 했다 하고, 그의 마지막을 "두부 비지를 얻어먹으며 연명하다가 굶어 죽은 것"이라고 전하는 문헌도 있다. 장례마저 몇몇 지인들의 모금으로 모실 수 있었다고 기사는 전한다. 그가 묻힌 상해 홍교로(虹橋路) 공동묘지는 가난한 서민들의 집단 공동묘역이었다.

그럼에도 그의 말년을 '초라했노라' 안타까운 정리만으로 기억할 일은 아닌 듯하다. 의연하게 자신의 시대를 감당했고, 항상 어른다웠으며, 스스로 당당했노라고, 가까이에서 그를 지켜본 이들은 증언한 바 있다. 다만 그의 행적을 뭇사람들이 알지 못하는 것을 안타까워했을 뿐이다. 당시 언론의 기록은 "그는 평소 곤궁한 생활에도 조금의 원성도 없고 후회도 하지 않았다[이석영 씨의 공(功), 〈한민〉 제3호(1936. 5. 25. 발행), 〈한민〉은 당시 김구 선생이 조직하고 이끈 한국국민당의 기관지로, 중국 내에서 우리말로 발행됨]"라고 전하고 있다. 가난을 받아들이고 의연했다는 얘기인데, '대인의 풍모'라는 동시대인들의 평을 떠올리게 한다.

그의 부인 역시 평생 독립운동에 나선 이들을 뒷바라지하다가 두 해 뒤 상해에서 별세하는데, 이 부부의 헌신에 대한 위 〈한민〉의 헌사는 오늘의 우리에게 되묻는 질문이기도 하다.

이석영 씨의 공(功)

서간도 이주의 선진자, 그 중에도 신흥학교의 유일한 공로자가 이석영 씨인 것을 아는 이가 매우 드문 듯하다. 그의 공을 가히 알 만한 이들도 그의 공을 세상에 공포치 않는 것 같다. 그는 누거만(累巨萬, 엄청나게 많은)의 재산 전부를 가져다가 이주동포 구제와 신흥학교 경영에 전부 탕진하고 말었다. 그는 본래 국내에서 누대잠영거족(累代簪纓巨族, 여러 대를 계속하여 높은 벼슬을 해 온 집안)으로 호화로운 생활을 하다가 망국의 한을 품고 고국을 떠나 이역에 와서 재산 전부를 없이 하고 나중에는 지극히 곤궁한 생활을 하면서도 일호의 원성이나 후회의 기색이 없고 태연하여 장자의 풍이 있었을 뿐이다. 말년에 기한(飢寒, 굶주리고 헐벗음)에 쫄리다가 2년 전 상해 일우(一隅, 한 모퉁이)에서 무이어(無異於, 말 그대로) 굶어 돌아가시다시피 되신 이가 그처럼 공로 많은 이석영 씨인 줄을 아는 이가 몇이나 되는지? 또 금년 5월 11일 상해 그의 조카 집에서 역시 가련한 신세로 돌아가신 이가 그의 가장을 따라 서간도에 와서 영귀하든 몸으로서 손수 독립군의 밥을 지어 먹이고 옷을 지어 입히던 이석영 씨의 부인인 것을 아는 이가 몇이나 되는가?

'사회에서 더 많은 걸 누리는 이가 그 사회가 위기에 처했을 때 더 많이 공헌하고 희생할 수 있어야 한다.'

로마 이래 서양인들이 금언으로 삼는 '노블레스 오블리주(noblesse oblige)'를 설명하는 말이다. 귀족의 자제들이 사선을 넘는 전선에 출병을 자원하고, 사회의 재난 상황에서 부유한 사람들이 위기 극복 비용을 자임해 나서는 행위를 기대하고 명예를 추앙하는 논거이기도 하다. 흔치 않은 일이다. 인간 개개인의 세속적 욕망과 상충하고, 그렇지 못한 사례가 더 많기도 하다.

일제강점기의 우리 사회 역시 다르지 않았다. 스스로 새로운 권력을 맞아들이고 새 권력에 굴종하고 부역한 사례는 차고 넘친다. 침략자와 맞서 싸우다가도 흔들리고 이해를 탐해 훼절한 사례 역시 적지 않다.

물론 굳세게 독립투쟁의 길을 열어간 선각자들 역시 적지 않고, 우리 사회는 그들을 발굴하고 추앙하며 오늘을 사는 이들의 사표로 선양하기도 한다. 지식으로, 힘으로, 재산으로 사회의 올곧은 뜻을 감당했던 이들을 우리는 '독립운동가'로 칭하며 추앙한다.

그들 일제하 애국자와 독립운동가들 중 가장 큰 재산을 민족의 미래를 위해 투자한 이. 자신의 모든 것을 쏟아내고, 돌보는 이 없는 이국땅에서 가난의 굴레를 지고 쓸쓸히 세상을 떠난 이. 국내로 돌아오면 평안을 누릴 방도가 없지 않았으나 자신이 응원한 독립운

李 石榮(1855～1936)

가들의 곁, 이역의 객방에서 노년의 삶을 살고 죽음을 받아들인 이. 스스로 의연했고 자신의 선택, 그 결과를 오롯이 감당한 이. 이 사람 이석영이다.

    오늘 우리 곁에 그런 결단의 사람이 있는가. 잘못을 바로잡고자, 국운을 다시 세우고자 자기의 미래를 내어놓는 이가 있는가. 이석영의 삶을 통해 식민지 시기 겨레의 길을 돌아보고, 오늘 우리 사회, 우리 자신이 어떻게 살아야 하는지를 살펴보자.
    혼신을 다해 살고 그 삶의 끝을 받아들인 한 인간의 서사, 그의 삶을 부족한 기록과 증언을 통해 찾아가 보고자 한다.

이석영 약전(略傳)

　　이석영은 독립운동가로 이름을 날린 이회영, 이시영의 형이다. 두 동생은 살아서 의로웠고, 세상을 떠난 뒤에도 그 이름을 휘날렸다. 그래서일 게다. 이석영은 그 자신으로서가 아니라, 보통 누군가의 형으로 우리에게 알려졌다.

　　이회영은 무정부주의 성향의 걸출한 항일 독립운동가로 기억되고 있다. 영민했고, 대범했고, 삶과 죽음의 경계지대를 걸으면서도 의연했다. 시대를 앞서간 사람이었고, 날로 새롭게 자신을 스스로 혁신한 사람이었다. 양반가의 권세에 안주하지 않고 평민·가솔들을 존대하고, 집안의 노비를 스스로 해방했다. 일제의 표적이 되어 쫓기면서도 투쟁의 현장을 벗어나지 않았고, 뚜벅뚜벅 걸어서 전장으로 갔다. 그리고 자신의 평소 뜻대로 죽음을 맞았다. 그의 족적을 되살리는 훌륭한 여러 권의 책자가 출간되어 있기도 하다. 서울 서촌 청와대 인근에 후세들이 세운 우당기념관이 있어 후학들, 후대들이 그의 삶을 되짚어 배우고 새길 수 있기도 하다.

    이시영은 이회영의 바로 아래 동생이다. 스무 살이 되기 전 관직에 나서 경술국치(1910년 일제의 국권침탈) 직전까지 고의 관리를 역임하면서도, 형 회영과 근대 개화운동을 함께 했고, 형의 곁에서 동지로 뜻을 나누었다. 같은 일을 함께 도모했다. 임시정부 첫 법무총장을 시작으로 해방에 이르기까지 다른 곳에 눈 돌리지 않고 임시정부를 지킨 독립운동가였다.

    여섯 형제 중 혼자 살아 돌아와 '여섯 형제가 결의하고 국경을 넘었으나 홀로 생환한 이'라는 이야기의 주인공이고, 대한민국의 초대 부통령을 역임했다. 해방정국과 전란 속에서도 공직자로서 흐트러짐이 없었고, 부통령직을 스스로 사임한 뒤 이승만 정부의 전횡을 고발하고 그의 재집권 기도에 맞서며 대통령 후보로 출마했던 큰 정치가였다.

    이렇듯 이석영보다 젊고 출중한 그의 동생들이 먼저 조명되면서 이석영은 '이회영의 형' '이시영의 형'으로 알려지게 되었다. 아니, 동생들의 이름을 알고 기억하는 이는 많으나 그들의 형 이석영은 널리 알려지지 않았다.

그런데 실제로는 '이석영의 동생 이회영' '이석영 형제의 다섯째 이시영'이라 이르는 것이 옳다. 이석영 없이 그들 걸출한 독립운동가 이회영, 이시영이 있을 수 없는 만큼, 이회영과 이시영 등을 돌보고 뒷받침한 이, 기둥 같은 이, 그가 이석영이라고 말할 수 있다.

이회영의 손자 중 한 사람인 이종찬 우당교육문화재단 이사장(전 국정원장, 전 국회의원)은 말한다. "어린 시절부터 우리 집안 사람이라면 누구라도 둘째큰할아버지 이석영 어르신의 은덕을 잊지 말아야 한다고 들어왔다".

실제로 독립운동에 미친 영향에서도 동생들의 역할을 넘는 이석영의 족적은 뚜렷하다. 감추어져 있는 행적을 들추지 않았기에 제대로 돌아보지 못했을 뿐.

1. 만석꾼 '가오실 대감'의 아들

　이석영은 철종 6년 1855년 음력 11월 3일 스물두 살 청년 이유승의 둘째 아들로 태어났다. 위로 형 건영이 있었고, 네 명의 남동생이 더 태어나 여섯 형제 집안의 둘째 아들이었다[실제로는 동생 소영(韶榮, 1885~1903)이 더 있었으나 성년이 되기 전에 병으로 세상을 떠났다]. 아버지 이유승은 후일 이조판서에 오르기는 하나, 이석영이 태어날 즈음에는 아직 관직에 나가기 전이었다.

　이석영이 나고 자란 곳은 생부 이유승의 집이 있던 서울 명례방 저동, 지금 명동성당 앞 YWCA 사무실 건물이 있는 그 자리다. 지금 그곳에는 '이회영·이시영 6형제 집터'라는 알림판이 있다.

　이석영의 어린 시절 기록은 찾아보기 어렵다. 양반 집 자제였으니 궁색하게 자라지는 않았을 것이고, 지금의 명동성당 인근에서 서당도 다니고 글을 익혔을 것이다. 집안 족보에 스물한 살에 동갑이었던 첫 부인으로 참봉 벼슬을 한 정기철의 딸 동래 정씨가 별세한 기록이 있는 걸 보면 10대 말 어느 때 혼인을 했을 것이다. 첫 결혼에서 자녀는 없었다.

　20대 때 몇 차례 과거에 응시했으나 뜻을 이루지 못했다고 한다. 당시의 과거제도가 매우 문란해서 권세가들과의 종실 관계가 당락

집터 알림(이회영·이시영 6형제 집터). 서울 명동성당 앞 YWCA회관 옆에 있다.

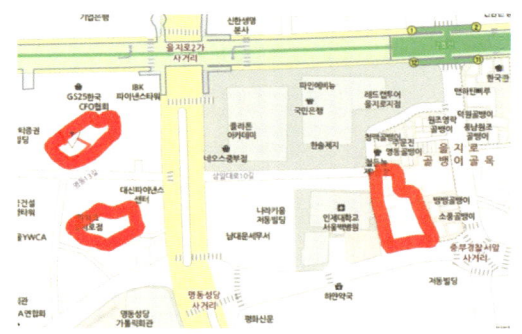

1905년(일제 연호 대정 5년) 일제가 조사한 저동 일대 지적도와
현재의 을지로 2가 인근 지도를 비교한 것이다.
1은 이회영 집터(백병원 인근), 2는 이석영 집터(명동성당 앞, YWCA 자리),
3은 이건영·이시영·이호영 등 집터(전국은행연합회 인근~향린교회 자리)로
확인할 수 있다(왕현종 교수 조사자료 인용).

1. 만석꾼 '가오실 대감'의 아들   25

에 적지 않은 영향을 미쳤다고 하고, 그의 집이 소론 집안이어서 그 자녀들에게 유리할 게 없었을 것이라는 후대의 평이 있다. 그런데 집안에는 "잘생기고 반듯해서 이웃들이 제일 탐내하던 아들"이라는 그에 대한 전언이 있다. 이 말에서 '이웃이 탐낸다'라는 건 이후에 전개될 그의 서사와 맞닿아 있기도 하다. 주위에서 헌헌장부로 칭송이 높았고, 큰 덕을 쌓을 사람이라고 호평을 들었다 한다. 무엇보다 여섯 형제 사이의 우의와 친교가 이웃들의 부러움을 사고 높은 칭송을 받았다는 얘기는 꽤 많다. 남들이 다 부러워했다고 한다.

이석영이 서른 살에 이르던 1885년 그의 삶에 큰 전기가 생긴다. 영의정을 지낸 당대 최고의 관료였고 한양 인근에서 세 손가락 안에 꼽히는 부자 중 한 사람이라던 이유원(1814~1888)의 양자로 들게 된 것이다.

조선 중기 선조 때 영의정을 지낸 이항복의 후손으로, 경주 이씨 집안 어른이고 부친과 같은 항렬의 이유원은 이조판서를 지낸 이계조(李啓朝)의 아들이다. 스물한 살 때 초시에, 세 해 뒤 진사시에 합격했고, 또 네 해 뒤 전시 장원, 문과 정시 합격 등으로 문재를 날렸다. 이후 관료로서 승승장구했다. 학식으로 당대에 촉망을 받았고 노론 권문세족과 가까워 헌종·철종·고종조 내내 중앙과 지방의 요직을 거듭했다. 수찬, 승지, 병조참의, 의주부윤, 이조참의, 좌승지, 도승지, 형조참판, 이조판서, 한성부판윤, 형조판서, 황해도·함경도 관찰사 등을 역임했다. 1865년 영중추부사(領中樞府事)로 왕명에 따라 총재관(摠裁官) 영의정 조두순(趙斗淳), 좌의정 김병학(金炳學) 등과 공동작업으로 〈대전회통(大典會通)〉을 편찬해 냈는데, 이것이 조선 시대 마지막 법전으로 전해 오고 있다.

고종 재위 10년이 지난 1873년 쇄국정책을 근간으로 하는 아버지 흥선대원군의 섭정을 끝내는 데도 그의 역할이 상당했다. 그해 10월 중순, 대원군에 반대하고 고종의 친정을 요구하는 명성황후와 고종 옹호세력이 모여서 섭정을 끝내도록 상소를 올려 여론을 환기해야 한다는 의논이 있었다. 이때 상소문은 면암 최익현(勉庵 崔益鉉, 1833~1906)이 작성하기로 하고, 그를 설득하는 역할을 언변이 좋은 이유원이 맡았다. 실제로 이 설득에 따라 최익현은 상소문을 두 차례 연거푸 올렸고, 결국 고종의 친정체제가 성립되었다. 이런 공적을 인정받아, 직후 흥선대원군을 옹호하던 영동령부사 홍순목, 좌의정 강로, 우의정 한계원 등의 반대를 뿌리치고 고종이 영의정으로 발탁한 인물이 바로 이유원이었다.

1875년에는 고종으로부터 세자책봉도감제조(世子冊封都監提調)라는 직명을 받아 청나라에 파견되어 세자 책봉을 승인받는 데 공을 세웠다.

그는 북양대신 리홍장과 친교를 맺고 청나라와의 사무역(私貿易,

사신으로 오가며 물건을 가지고 가 상대국에서 팔고 그곳 물건을 들여와 국내에 파는 행위)으로 큰 재산을 일궜다고 한다. 그는 세칭 '가오실 대감'으로 불렸는데, 양주(현재의 남양주) 가곡리의 옛 지명 '가오실'로부터 유래한 호칭이다.

어린 고종이 왕이 되었을 때 섭정에 나서려 강화도에서 한양으로 올라오는 흥선대원군의 출사를 뒷받침하는 정치자금을 대기도 했다 하고, 조정에서 고위 관직을 역임하며 고종과 명성황후의 최측근으로 대표적인 권문세족의 지도자로 활약했다.

기록에는 한말 당대 10대 부자, 한양 3대 부자의 한 사람으로 꼽혔다 하고, 얼마나 땅을 많이 소유했던지, 매천 황현은 그의 재산 많음을 이렇게 비꼬았다.

"이유원의 호는 귤산(橘山)이며, 양주(楊州) 가오곡(嘉梧谷)에 그의 별장이 있다. 그곳은 서울서 80리 떨어져 있다. 그러나 세상 사람들의 말로는 그 양주 별장에서 서울까지 80리 길을 내왕하면서 남의 논두렁이나 밭두렁 길을 한 조각도 밟지 않고 서울로 올 수 있을 정도로 광대했다고 한다(裕元號橘山, 別墅在楊州之嘉梧谷, 距京師八十里, 時稱其所往來八十里, 皆其田畔路, 不踏他人片地, 甚言其占田之廣也)."

- 〈매천야록〉 권1, 갑오 이전 24~25쪽, 왕현종 〈우당 이회영 일가 독립운동 재산 조사사업〉 해당 부분 재인용

이유원은 천마산 아래 가오실 위쪽에 보광사를 중창하여 원찰(願刹, 창건주의 소원을 비는 절)로 삼고 노년의 삶을 가오실 저택과 보광사를 오르내리며 지냈다(보광사 주지 선우스님의 증언). 실제로 가오곡 마을 입구를 비롯해 보광사 인근 구역에 이유원 자신의 글씨로 새긴 여러 점의 암각화를 남겨놓았다. 그의 글씨에 대해 "예서로는 조선 최고"라는 당대의 평가가 있었다 한다. 또 이유원 별장은 "정원 안에 숲을 꾸며 놓고 화석을 모아 놓았는데 근세까지 이런 절경은 미처 구경조차 못할 정도의 것이었다"라고 인근에 소문이 자자했다 한다.

이런 여러 기록과 남겨진 소문으로 그의 재산이 어떠했을지는 미루어 짐작할 수 있다. 그야말로 당시 양주(현 남양주)는 이유원의 고을이었다.

그런 그에게 아픔이 있었으니, 후사가 없는 것이었다. 정실부인의 아들 이수영이 있었으나 이유원의 나이 예순여섯 살 때(1880년) 먼저 세상을 뜬다. 이유원은 첩실에게서 아들 둘이 더 있었으나 서자에게 가문을 잇지 못하도록 하던 당대의 적서차별이 문제였다. 결국, 정실부인 소생의 외아들을 잃은 후 다섯 해 뒤에 집안 종씨인 이유승 대감의 둘째 아들을 양자로 들여 후사를 잇게 되었다. 그가 이석영이다.

이에는 다른 가족사도 중첩되어 있었다고 한다. 적자 외아들을 잃은 이유원은 얼마 뒤 양손을 들였는데 죽은 아들의 아내와 불륜

남양주 가오실 풍경. 이 은행나무는 수령이 550여 년에 이른다.
이유원의 99칸 저택이 이 나무 뒤편에 있었다.

남양주 가오실의 마을 표지석.
제자(가오복지 嘉梧福地)는 이유원의 글씨이다.

보광사

보광사 인근 계곡 바위에 새겨져 있는 이유원의 '현몽만회암(現夢晩悔庵)' 암각.
말년에 작은 암자를 짓고 쓴 글씨로 추정된다.

이유원 묘표. 생전 자신이 직접 쓰고 새긴 글씨이다.

남양주시 수동면 소래비로428번길 17-18 뒤편 이석규(이유원의 조부, 이항복의 7대손, 이조판서 역임)와 이유원의 묘역. 꾸준히 돌보는 이가 없어 잡초가 무성하다.

1. 만석꾼 '가오실 대감'의 아들

이 나서 파문케 되었다고 하고, 이 일로 새로운 양자를 들이는 문제로 왕(고종)에게 해명하였고, 이석영을 양자로 들일 수 있도록 허락을 청하는 상소를 올리기까지 했다.

> 이유승의 둘째 아들 이석영을 후사로 세우게 해 주기를 청하는 봉조하(奉朝賀, 고위 관직에서 은퇴한 선비에게 녹봉과 명예를 보장하며 주는 호칭) 이유원의 상소

이유원(李裕元)이 상소하기를,

"삼가 아룁니다. 신이 타고 난 명이 박하여 자주 상을 당해 제사를 맡길 자식조차 없이 어느덧 죽음을 눈앞에 둔 80의 노인이 되었으니, 외롭고 쓸쓸하여 몹시 마음이 아픔을 금할 수 없었습니다. 그래서 12촌 동생인 전 참판 이유승(李裕承)의 둘째 아들 이석영(李石榮)을 데려다 자식으로 삼아 후사를 맡길 수 있게 되었으니, 이는 인륜의 대사입니다. 우리나라 진신(搢紳)들 간에 행해 왔던 예를 상고해 보건대, 양자를 골라 정해서 후사로 삼은 것은 옛날에도 많이 있었을 뿐만이 아닙니다. 선정신(先正臣) 이이(李珥)의 의논에, '남의 후사가 된 자는 마땅히 형제의 순서로 그 봉사(奉祀)를 정해야 한다' 하였으며, 또 송조(宋朝)의 예를 인용하여 말하기를, '호안국(胡安國)은 뒤에 친아들을 낳았는데도 그대로 뒤를 이은 양자로 사손(祀孫)을 삼았다' 하였습니다. 또 신의 선조 문경공(文敬公) 이세필(李世弼)의 예론(禮論)에 이르기를, '자식이 일찍 죽어 다시 갈

은 항렬 중에서 양자를 취한 경우에는, 나이 많은 자를 형으로 삼고 종(宗)으로 삼아야지 아들의 선후는 굳이 중하게 여길 필요가 없다' 하였는데, 당시 제현들이 서로 논란하고서 미루어 정론으로 삼았습니다. 신이 이에 어찌 감히 사정을 모두 토로하여 옛사람이 조정에 명을 청했던 의리를 본받지 않을 수 있겠습니까. 사그라져 가는 정신을 추슬러 대궐 문에 나와 엎드려서 우러러 천지 부모와 같은 성상 앞에 애달피 호소합니다. 삼가 바라건대, 성상께서는 특별히 불쌍히 여기는 은택을 내려 주시어 자식 없는 신으로 하여금 자식을 두게 하여 끊어지고 망한 대를 이어 보존할 수 있게 해 주시기를 축원해 마지않습니다" 하니,

답하기를,

"상소를 보고 경의 간절한 마음을 잘 알았다. 뒤를 이은 양자의 나이가 친자식보다 많으면 종(宗)으로 삼고 형으로 삼는 것이 이 변통을 참작하고 권도를 헤아리는 의에 합당하다. 선유와 선정의 정론이 이미 있었고 더구나 경의 선조의 예설이 증명되기에 충분함에 있어서랴. 마땅히 나이의 차례로써 가문을 전하는 통서로 정해야 할 것이다. 청한 바는 그대로 시행하겠다"

하고, 이어서 이정래에게 전교하기를, "이 비답을 사관에게 보내어 전유(傳諭, 왕의 뜻을 널리 알림)하라" 하였다.

- 한국고전번역원 데이터베이스 '〈승정원일기〉 고종 22년(1880년) 1월 10일'

애초 이유원이 이석영을 양자로 지목해서 출계를 요청받았을 때 이석영의 생부인 이조판서 이유승의 반대가 적지 않았다고 한다. 이석영은 그 집안에서도 가장 신중하고 원만한 인품을 갖춘 아들로 인정을 받아 부친 이유승에게 많은 기대를 받고 있었다. 주위 평 좋고 형제들 사이에서 균형자 역할을 하는 둘째 아들을 내놓고 싶어 하지 않았던 것이다. 그래도 이유원이 집요하게 요구하고 고종까지 나서서 권면하는 등 여러 곡절을 넘어 이석영은 끝내 이유원의 가문을 잇는 양자로 들어가게 되었다.

이 입양 때 이유원은 상소문에 담긴 내용에 따라 양자 이석영에게 재산 상속 등 장자의 권리를 온전히 보장하겠다는 다짐의 글을 주기도 했다고 한다.

당대 최고 권력자의 한 사람 이유원에게 양자로 든 이석영은 양자 입계와 함께 과거에 합격해서 관리로 생활을 시작한다. 좀 늦은 나이라고 할 수도 있을 서른한 살 때였다. 그해 1월 양자로 입계하였고, 같은 해 9월 증광별시 문과에 급제하여 관료로 임명을 받는다. 첫 직책은 〈승정원일기〉를 기록하는 주서를 보조하는 가주서였다. 양부 이유원은 전권대신, 서사관(翼宗大王追上金寶篆文書寫官), 제술관(玉册文 製述官) 등을 역임하며 문장가로 존중받았던 데다가 국왕의 신임을 받는 영향력 큰 관료를 역임했고, 현직에서 물러선 뒤에도 고종의 실질적인 자문역할을 하고 있었다. 이러한 이유원의 영향력은 양자로 든 이석영에게 유리하게 작용했을 것이다.

그해 과거시험에는 형제 중 다섯째 이시영도 함께 등용된다. 두 형제가 함께 관직을 시작했고, 그해 생부 이유승은 이조판서와 형조판서를 연이어 역임하고 있었다.

이유원 대감은 연로했다. 이석영은 양주(남양주)로 주거지를 옮겨 양부를 모시며 관직 생활을 병행했고, 양부의 땅을 밟아 한양을 오르내렸다. 첫 부인 동래 정씨의 묘가 현재 남양주 가오곡에 있는데, 아마도 이때 이장했을 것으로 추정된다.

이유원은 뜻대로 가문을 이을 아들 이석영이 입계한 3년 뒤, 1888년 세상을 하직했다. 장례는 〈승정원일기〉에 기록될 만큼 성대히 치러졌는데, 고종이 친히 제문을 짓고 '충문(忠文)'이라는 시호를 내려, 자신에게 충성했으며 문장가로 이름을 날리며 관직을 이어온 고인에 대해 추모의 정을 표하기도 하였다.

그의 사후 이유원의 재산 대부분은 고인의 약속대로 양자 이석영에게 상속되었다. 양주(현 남양주), 파주, 개성, 충주, 한양 등지에 집과 땅 여럿이 그의 소유가 되었다.

이석영의 관직 생활은 무난했다. 과거 합격 후 춘추관 별검춘추, 선전관, 이조참의, 동부승지 등의 직책을 이어서 맡았다. 1888년 양부의 별세 이후 3년상을 치른 후 형조참의로 관직에 복귀하고, 이후 좌부승지, 우부승지, 승지 등의 직책을 맡으며 고종의 측근 관료로 활약했다. 그러다가 조선의 위기가 눈에 보이던 때, 1894년 갑오농민운동 등의 영향을 받으며 갑오개혁을 추진하던 즈음부터 이렇다 할 관직을 거부하며 일상생활에 칩거한다. 1894년 이후 관직을 명받으면 곧바로 사임하기를 거듭한 것이다. 그리고 1904년 장예원소경(掌禮院小卿)을 끝으로 스스로 관직에서 물러났고, 더는 복귀하지 않았다. 1904년 관직을 물러날 때 그의 나이 쉰 살이었다. 연구자들은 그의 이런 행적에서 노골화하는 일제의 국권침탈에 대한 그의 경계심을 확인할 수 있다고 추정한다(연세대 역사문화학과 왕현종 교수의 의견을 따름).

집안 후대인 이종찬 이사장은 양부 이유원으로부터 이석영이 받은 것 중 또 다른 하나로 '개항·개방에 대한 확고한 입장'도 있다고 전했다. 이유원은 서른 살 때부터 수차례 청나라로 향하는 사신으로 임명되어 북경을 찾아 서양문물의 일면을 남보다 먼저 살필 기회가 있었다. 그리고 개방은 피할 수 없고, 선제적인 개항·개방을 통해서 조선의 새로운 진로를 열어야 한다고 생각했다.

개화를 주장하던 이유원은 영의정으로 임명된 직후 고종의 명을 받고 부산 동래로 내려가 일본 변리공사 하나부사 요시타다(花房義質)와 개항과 관련한 비공개 협상을 진행한 장본인이기도 하다.

그는 박규수 등과 함께 재임 내내 고종을 개항·개방의 길로 이끈 측근 관료였다. 1875년 이후 4~5년간 평소 교류하던 청나라 북양대신 리훙장(李鴻章)과 수차례 서신을 주고받은 사실이 여러 기록을 통해 확인된다. 이유원은 리훙장으로부터 '영국, 독일, 불란서, 미국과 통상해서', '일본과 러시아를 견제'할 수 있어야 한다는 조언을 받고 이에 동의를 표하는 외교관(外交觀)을 피력한다.

이유원은 1880년에는 개화에 반대하는 유생들의 상소에서 공적으로 지목되어 6개월여 동안 거제도에 유배되기도 했다.

한편 갑신정변을 이끈 김옥균의 편지에 "이유원은 전 영의정 즉 태정대신이고 지금은 영부사로, 위권(威權)이 최고의 인물이지만 금일의 세태를 모르기 때문에 쓸모가 없다"라고 평가한 대목(〈나의 자료 읽기, 나의 역사 쓰기〉 331쪽)이 있는 것을 보면 일본의 힘에 기댄 강경 개화파들과는 견해를 달리하였음을 확인할 수 있다.

당시 급진 개화파로 김옥균, 박영효, 서광범 등 젊은이들이 있었고, 온건 개화파로 이유원, 민영익, 김홍집 등이 병립하였다. 이들은 개화에 반대하는 수구파, 대원군의 쇄국파, 위정척사파 등에 맞서 연합해서 대응했지만, 개화의 속도와 방향 등에 대해서는 적지 않은 이견도 있었다. 급진 개화파는 초기에 온건 개화파와 '개화'라는 원칙에 공감하였지만, 갑신정변 당시에는 온건 개화파가 급진 개화에 오히려 걸림돌이 된다 하여 1차 척결대상으로 삼았다.

이러한 이력을 살피면 '가오실 대감' 이유원이 당시 개항·개방에 앞장선 관료였고, 이런 입장으로 대원군과 가장 강력히 정치적으로 대립한 장본인이라는 집안 후대들의 평가는 틀림이 없어 보인다. 그는 1882년 임오군란 후 피해보상을 요구하는 일본을 상대로 체결한 제물포조약의 조선 측 전권대신으로 협상 조인의 당사자였다. 일본의 조선 침략 의지가 노골화하는 당시 강압에 의한 조약으로 평가되는 그 협상에서 이유원은 '일본의 피해에 상응하는 배상금과 공사관 경비를 위한 병력의 주둔을 용인'하는 내용의 협정을 체결한 장본인이 된다.

집안의 여러 전언과 당시의 기록 등을 살피면, 양자를 받아들이고 나서 3년 후 이유원은 이석영을 남기고 세상을 뜨는데, 고인은 그 이석영에게 만석꾼의 재산과 함께 '개방'에 대한 철학을 건네거나, 이전에 이석영이 갖고 있던 그와 같은 견해를 더욱 굳게 하도록 이끌었다고 할 수 있을 것이다.

2. 앞에서 끌어주고 뒤에서 밀어주며

이석영의 본가인 이조판서 이유승 집안에서 나고 자란 그의 여섯 형제에 대해서는 이미 기록된 이회영, 이시영의 여러 전기에 빠지지 않고 기록되어 왔다.

선생의 집안은 6형제로 번성한 가족이었다. 형제 모두가 화합하고 즐거워하여 그 우애가 마치 악기를 서로 맞춰 연주하듯 즐거웠고, 산앵두나무의 만개한 꽃과 같이 화사하였으니, 온 집안이 즐거운 기운이 가득 찼고, 형제간의 우애의 소문이 온 서울 시내에서 으뜸이었다.

- 이정규·이관직 〈우당 이회영 약전〉 144~145쪽

후대의 가족들은 특히 둘째 이석영의 영민함을 증언하곤 한다. 장남 이건영이 장형으로서 집안 건사에 역할을 했던 데 비해 둘째 이석영이 동생들을 이끌고 독려하는 역할을 했노라 전해오는 것이다.

이석영 선생은 우당 선생의 중형이다. 그 천품이 온후하고 지절(志節, '품은 뜻'을 말함)이 순결하여 조정에서나 일반에서나 칭송을 받은 현사대부(賢士大夫, '어질고 높은 뜻을 가진 어른'을 이름)였다.

- 이정규·이관직 〈우당 이회영 약전〉 175~176쪽

이석영이 1875년 첫 부인과 사별한 후 두 번째 결혼을 한 시점은 집안의 기록에도 남아 있지 않아 확인되지 않는다. 다만, 후손을 이을 아들이 없어 입계를 해서 집안 제사를 모실 아들이 되었으니 그 역시 이유원 가오실 대감의 후손을 잇기 위해서 혼인을 서둘렀을 것이다. 어쩌면 양부 이유원 생전에 했을 개연성도 크다.

그리고 집안 족보로 확인하면, 첫딸을 얻었다. 출생 일자는 확인되지 않고, 그 딸이 1910년 이전에 군수 서병수의 아들 서재형과 결혼한 것으로 기록되어 있다. 사돈 서병수는 최익현에게 수학했고 봉화, 홍천, 문화, 돌산, 광양 등의 지역에서 현감·군수로 일했던 지방행정 관료였다. 서병수는 후일 독립운동가이자 언론인, 국학 연구자로 이름을 날린 위당 정인보의 외삼촌이기도 하다. 출가한 딸과의 교유에 대해서는 더 이상의 기록이나 증언을 찾을 수 없다.

1896년 첫아들 이규준이 태어났다. 딸이 결혼하기 훨씬 전이었을 것이다. 첫아들의 출생이 그의 나이 마흔두 살 때이니, 꽤 늦은 나이에 아들을 얻은 셈이다. 큰 경사였다. 더구나 당대 조선 최고 부잣집 중 한 집의 첫아들이니 '금수저를 물고 태어났다'고 말해도 틀림이 없다. 후일 이 아들은 항일 독립운동에 헌신하다가 젊은 나이에 목숨을 잃었다.

이석영의 양자 출계 이후에도 여섯 형제 사이의 교유는 계속되었다. 특히 이 시기에 출계 전 둘째 아들이었던 이석영이 아래 형제들을 살피는 역할이 적지 않았다.

이 시기, 양부 이유원이 별세하고 양가(養家, 양자로 들어간 집)의 가장으로 집안을 이끌면서 여전히 관직에 있던 한말 격변의 시기에 이석영의 별장 '홍엽정(紅葉亭)'을 주목할 만하다.

이석영은 이유원이 일군 별장 홍엽정을 상속받았다. 이 집은 조선 중기 이항복 이래 누대로 내려온 정자 쌍회정(雙檜亭) 터인데 이유원이 이를 사들여 대대적으로 수리하고 그 자리에 새 정자 홍엽정을 지은 것이다. 남산 자락 경복궁, 덕수궁을 건너다볼 수 있는 전망 좋은 곳에 자리 잡은 여러 채의 한옥과 정자가 어울린 집이었다고 한다. 지금의 회현동 일신교회 자리다.

이유원은 자신의 문집에 홍엽정을 기리는 동명의 한시 칠언절구를 지어 남기고 있기도 하다.

排舖小小摠依樣 (배포소소총의양)
옛 모습 그대로 본떠 조그만 정자를 지어
摘葉名庵憶老坡 (적엽명암억노파)
잎새의 이름을 따서 홍엽정이라 하니 소동파가 생각나네
從古名園無定主 (종고명원무정주)
예로부터 이름난 정원은 정해진 임자가 없다 하더니
主人來少客來多 (주인래소객래다)
주인은 가끔 오는데 손님들만 넘치네

- 이유원 저술 〈임하필기(林下筆記)〉 중 '홍엽정'

홍엽정

쌍회정터 표석

쌍회정(홍엽정으로 이름 바뀜) 옛 지도

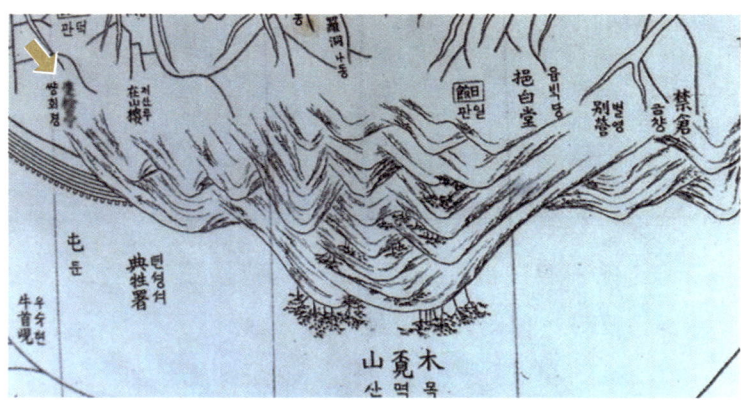

옛 홍엽정 터로 알려진 곳, 현재 일신교회 모습

이석영은 상속받은 이 홍엽정을 개화파 신진 후예들의 교유 공간으로 활용토록 했다. 동생 이회영과 그의 친구들이 이곳을 무대로 개화사상을 나누고 키우도록 한 것이다.

이석영은 그의 삶에서 확인되지만, 여섯 형제 중 넷째 이회영에게 각별한 신뢰와 애정을 보여주었다. 그 이회영이 한말 혼란의 시기에 개화사상에 뜻을 두고 나라의 앞날을 걱정하며 뜻 있는 친구들을 모으고 다닐 때 그 후견인이 되어준 것이다. 동생 이회영과 가까운 보재 이상설(李相卨), 여준[呂準, 본명 여조현(呂祖鉉)], 이동녕(李東寧), 이강연(李康演) 등 한 시대를 의기로 살아낼 후학들이 이 홍엽정에 모여 조선의 진로와 혁신의 꿈을 나눌 수 있도록 도왔다.

이상설과 이회영, 이시영, 여준 등은 죽마고우로 1885~1886년경부터 친구가 되어 함께 합숙하며 공부하는 사이였다. 나이는 여준이 1862년생으로 가장 많았고, 이회영 1867년생, 이시영이 1869년생, 이상설이 1870년생이다. 이중 신구 학문과 외국어에 능통하고 견식이 높은 이상설이 대체로 리더였다 한다(서중석《신흥무관학교와 망명자들》26쪽).

그들은 홍엽정에 모여 조선의 상황을 진단하고 나라의 미래를 걱정하기도 하고, 독립협회 활동 등 개화 신진세력의 움직임을 토론하고 자신들의 행동방침을 논의하기도 했다. 개화파 신진들의 제안을 함께 연구하고 국제정세를 살피는 것도 물론이었다. 그런 논의를 이끈 이상설의 기록에 따르면, 우선 국민을 계몽해야 하고, 새로운 정치가들과 결합해야 하며, 국내외 문제에 대해 빨리 연구하고 대응 정책을 수립해야겠다고 의견을 모았다고 한다. 그렇게 뜻을 모으던 공간이 이석영의 홍엽정이었다.

홍엽정에 대한 또 다른 기록도 주목된다. 〈황성신문〉 1899년 5월 3일 기록에 따르면, 그해 이석영은 이 홍엽정을 당시 막 개설한 중등학교 광성실업학교의 임시 교사로 제공한다. 이석영 소유의 홍엽정이 학생들의 수업공간이 된 것이다. 이 학교는 산술, 부기, 일본어, 은행론, 상법 등을 가르쳤다고 하고 후일 사립학교로 학부 인가를 받고 사립광성실업학교로 교명을 개명하였다. 홍엽정을 이렇게 활용한 것을 보면 이석영의 교육·육영 사업에 대한 남다른 관심을 확인할 수 있다. 광성실업학교는 학생 수가 증가해서 더 넓은 교육공간이 필요해지자 남문 내 상동 서당보 씨의 고택을 수리하여 이전했다고 한다.

한편 이 홍엽정을 중심으로 이루어진 양잠전매사업 역시 주목할 만하다. 당시 조선 후기의 문신이자 왕족인 이재순과 정인홍, 서상훈, 박영두 등이 궐연초를 생산하는 향연합자회사를 설립하였다는 기록을 〈독립신문〉, 〈황성신문〉 등을 통해서 확인할 수 있다. 이 회사의 사무실이 홍엽정이었다. 담배는 당시 가장 보편적인 기호식품이었고, 시장규모도 커 일제 산업 침탈의 주요 항목 중 하나였다.

근대적인 산업에 관심을 갖는 관료나 일군의 개화파 지식인들 역시 이런 상황을 모르지 않았다. 이런 사업을 기획하고 사무실을 개설하고 총회 등 투자자들이 회합하는 장소로 홍엽정은 꾸준히 활용되었다.

집안의 전언에 따르면 이석영 역시 근대 산업에 관심이 적지 않았다. 생부 이유승은 개성 인근 풍덕군에 인삼밭을 갖고 있었는데, 이석영은 동생 이회영에게 이 인삼밭을 활용한 산업 활동을 권면하고 지원했다고 한다. '꾸준히 활동하려면 재정적 기반이 있어야 한다'는 것이었다. 인삼밭에 삼포농장을 개설하고 양삼기술학교를 세울 계획을 갖고 손수 투자도 아끼지 않았다. 이종찬 이사장은 "이석영 둘째 큰할아버지는 이 양삼 사업을 동생 이회영 등에게 개화 선진운동의 물질적 기반으로 삼을 수 있도록 하라고 조언했다고 들었다"라고 회고한다.

실제로 형의 권면을 따라 이회영은 개성 인근에서 인삼농장을 경영하고 제재소를 열었다. 당시에도 담배와 인삼은 전매품목으로 내장원에 납품하던 시기이기도 했다. 그런데 인삼, 담배 등의 사업은 조선침탈을 추진하던 일본도 탐내던 품목이었다. 일본은, 조선 담배는 생산 활동을 억제하고 자신들의 상품을 처분하는 시장으로 삼고, 인삼은 자신들이 유통을 독점해서 관리하는 품목으로 삼고자 했다. 이러한 의도를 가진 일본인들이 개성경찰서 고문으로 일하던 일본인을 앞세워 이회영의 인삼농장 사업에 대해 사전허가 미비를 문제 삼아 시비를 하고, 도둑질도 했다. 이에 이회영은 즉시 이를 내장원경인 이용익에게 보고하고 수소문해 이 일에 관여한 일본인을 고발하고, 도적질 당한 인삼을 되찾는 것은 물론 일본으로 몰래 수출하지 못하도록 법적 조치를 취했다. 이석영 형제는 일본에 유학하여 법을 전공한 광성학교 교사 이면우(李冕宇)를 법정대리인으로 선정했다(황성신문 1901.11.9.).

이회영과 일본 측은 법정에서 큰 싸움을 벌였고, 점차 일본의 무뢰배들이 무리하게 폭력으로 삼포를 파괴하고 인삼을 무단 탈취한 것이 판명되는 시점에 일본 공사 하야시 곤스케(林權助)는 내장원경 이용익에게 압력을 넣어 재판을 중단시켰다. 그리고 적당한 가격을 내고 인삼을 일본 측에 인계하도록 합의하게 했다. 이회영은 끝까지 법정투쟁을 주장했으나 이석영의 권유로 물러섰다. 이석영이 힘의 변화를 인정하면서 실리를 살피는 현실주의자이기도 했다고 이해할 만한 사례일 것이다.

한편 이 일은 일본인들의 이권침탈에 대해 경계심을 갖고 있던 고종의 눈에 이조판서의 넷째 아들 이회영이 들게 되는 계기가 되었다. 이 일 이후 이회영은 고종으로부터 탁지부 주사서판임관육등(任度支部主事叙判任官六等)으로 기용되었다. 과거시험 없이 등용되는 음서직인데, 고종이 특채를 한 것이다. 이회영은 이를 수락하면서 별입시(別入侍, 일종의 '특보'라 할 수 있음)로 짧은 기간 동안 관직을 맡아 일했다. 이때 맺어진 고종과 이회영의 인연은 후일 더 큰일로 이어지기도 한다.

이렇듯 이석영은 근대 격변기에 산업 활동, 육영사업 등에 관심이 있었고, 양부로부터 물려받은 재산으로 개화운동에 나선 동생들과 후학들을 후견했다. 이런 당시 행적은 후일 일본의 국권침탈 이후 만주로 떠나는 그의 결단이 갑자기 이루어진 것이 아님을 추정케 한다.

한편 홍엽정에서 무르익은 이상설, 이회영 등 신진 개화 사상가들의 운동은 홍엽정 인근 남대문시장 내에 있는 상동교회를 중심으로 청년조직 활동으로 이어졌다. 상동교회는 1885년 미국의 감리교 의료선교인 스크랜턴(Scranton W. B.)이 입국하여 의료 봉사 활동을 통해 조선인의 신임을 얻어 1895년에 세운 교회다. 당시 남대문시장의 숯장수인 전덕기 선생이 교회에 열심히 다니면서 스크랜턴의 눈에 들어 선교사로 안수를 받게 되었고, 그가 상동교회에서 감리교 중심의 전국적 청년조직을 이끌게 된다.

1905년 11월 17일 일본에 의해 강제로 을사늑약이 체결되자 이는 불법이고 인정할 수 없다는 강력한 저항운동이 일어났다. 이런 저항운동이 가장 격렬하게 일어난 중심에 상동교회 청년회가 있었고, 상동교회에서 시작한 청년운동이 감리교 조직을 타고 전국적으로 확산된 것이다.

이런 사정은 우당 이회영의 부인 고 이은숙 여사가 쓴 〈서간도 시종기〉에 기록되어 있기도 하다.

> 우당장(右堂丈, 이회영을 이름)은 남대문 상동청년학원 학감으로 근무하시니 그 학교 선생은 전덕기, 김진호, 이용태, 이동녕 씨 등 다섯 분이다. 이들은 비밀독립운동 최초의 발기인이시다. 팔도의 운동자들에겐 상동교회가 기관소(機關所)가 되었다고 해도 과언이 아닐지라.
>
> - 이은숙 〈서간도 시종기〉 53쪽

당시 팔도에서 상동교회에 모인 인사들을 살피면 이후 이름만으로도 한 시대를 이끌 만한 인물들의 면면을 확인시켜준다. 이동휘(함경), 이동녕(충청), 이준(함경), 이상설(충청), 신채호(충청), 노백린(황해), 남궁억(서울), 최남선(서울), 양기탁(평안), 주시경(황해), 이상재(충청), 이승만(황해), 김구(황해) 등이 그들이다.

이회영은 이들 모임의 일원으로 이 교회가 설립·운영하던 상동청년학원의 학감을 맡아 2년 동안 일했다. 이석영의 다섯째 형제 이시영 역시 이 교회 활동에 함께했다. 그리고 여기 모인 이들이 1907년 초 고종과 뜻을 맞추어 일제의 조선침탈 행위를 국제사회에 고발하는 헤이그 밀사 파견을 추진하였고, 한말 가장 규모가 큰 구국운

〈서간도 시종기〉
이은숙 여사 필생의 역작으로 월봉저작상을 수상하였다.

동 단체인 신민회를 조직하기에 이른다. 이석영의 동생들 이회영, 이시영 등이 앞장서고 상동교회에 모인 애국청년들이 함께 한 일들이다. 당연히 이석영의 후원이 있었으리라고 추정된다.

이종찬 이사장의 증언에 따르면, "집안에서는 이회영 할아버지의 독립운동은 이석영 큰할아버지의 후원으로 가능했던 것이고, 둘째 큰할아버지의 응원과 후견 속에 할아버지(이회영을 말함)의 근대 개화운동, 신민회 활동 등이 가능했다는 얘기를 들어왔다"라고 한다.

헤이그 밀사 사건

1907년 대한제국 고종 황제가 헤이그에서 열리는 만국평화회의에 일본의 조선 침략 실상을 알리고 1905년에 강제 조인된 을사늑약의 부당성을 고발하고자 특사를 파견한 일이다. 고종은 의정부 참찬 이상설, 전 평리원 검사 이준 그리고 러시아공사관 참서관 이위종 등 3명을 평화회의에 파견했다.

이들에게 고종의 위임장과 밀지가 전해질 수 있도록 도운 이들이 이회영을 비롯한 상동교회 개화파 청년들이었고, 헤이그 파견을 기획하고 추진한 이들 역시 상동교회 청년들일 것으로 추정된다.

그해 4월 고종의 밀지를 받고 서울을 출발한 이준은 블라디보스토크에서 이상설과 조우하고, 페테르부르크에서 이위종 등과 합류하여 네덜란드 헤이그로 향한다. 그러나 네덜란드 정부의 소개가 없어 각국 외교책임자들로 구성된 만국평화회의 본회의에는 참여하지 못했다. 그래도 별도의 기자회견 등을 통해 회의를 참관하고 있던 외국 기자들에게 조선의 상황을 설명할 수 있었고, 유럽의 몇몇 나라 언론에 소개되기도 하였다. 이 사건은 조선 강점을 추진하던 일제를 놀라게 했고, 일제는 이를 문제 삼아 고종을 폐위시키고 아들 순종이 허울뿐인 황위를 계승토록 했다.

일제는 국내에 돌아오지 않은 채 외국에 머문 특사 3인에 대해 궐석재판을 통해, 허위로 특사를 사칭했다는 죄목으로 이상설에게는 사형을, 이위종과 이준에게는 종신형을 각각 선고하였다. 뜻을 이루지 못한 이준은 헤이그에서 단식 중 순국하였고, 이상설과 이위종은 일제의 통제 때문에 국내에 돌아오지 못하고 해외에서 독립운동에 여생을 바쳤다.

당시 이들 특사에게 위임장과 함께 전한 고종의 밀지는 다음과 같다.

"대황제는 칙하여 가로되 우리나라의 자주독립은 천하 열방에 공인하는 바라. 짐이 지난번에 여러 나라와 더불어 조약을 체결하고 서로 수호하기로 하였으니 무릇 만국회의가 열리는 곳에 사람을 보내 참석토록 하는 것이 응당한 도리이다. 그러나 1905년 11월 18일 일본이 우리나라에 대하여 공법을 위배하며 비리를 자행하고 협박하여 조약을 체결하고 우리의 외교 대권을 강탈하여 우리의 열방 우의를 단절케 하였다. 일본의 사기와 능욕과 업신여김이 끝이 없을뿐더러 공리에 어그러진 것이 되고 인도에 위배하는 것이 또한 다 기록할 수 없다. 짐의 생각이 이에 미쳐 참으로 통한을 느끼는 바이다. 이에 종2품 전 의정부 참찬 이상설, 전 평리원 검사 이준, 전 주러 공사관 참서관 이위종을 파견하여 네덜란드 헤이그 평화회의에서 본국의 제반 힘든 사정을 알리기 위해 회의에 참석토록 하여 우리의 외교권을 다시 찾게 하며 우리의 열방과의 우의를 다시 찾도록 하노라. 짐이 생각건대 신들이 본디 성품이 충실하여 이 임무에 과감하게 나서 마땅히 주어진 임무를 온당하게 이룰 줄로 안다. / 대한광무 11년 4월 20일 / 경성 경운궁에서 친서 압하고 보(寶)를 영(鈐)하노라."

헤이그 특사

신민회

1907년 이전 상동교회 청년들이 주축이 되어 조직한 독립운동 단체. 1907년 그해 4월 안창호의 발기로 공식화하였다고 알려져 있기도 하다. 그러나 안창호는 해외를 순회하고 돌아온 직후여서 국내에서 진행된 조직화는 다른 이들이 맡았을 것이고, 상동교회 전덕기 전도사, 양기탁, 이동휘 등이 주축이 되었을 것이라는 게 실제에 가까운 추정이다. 초기 구성원의 상당수가 상동교회 청년회 회원들이었다. 한편 평양을 비롯한 관서지방은 안창호를 중심으로 하고, 서울을 중심으로 하는 중부지방은 양기탁, 이동휘 등이 주축이었고, 지역 조직들의 연합으로 전국조직 신민회가 구성되었을 것이라는 추정도 있다. 어느 경우든 상동교회에 모인 개화 청년들이 신민회의 조직과 활동에서 중심 역할을 했다는 것은 여러 연구를 통해 밝혀지고 있다.

신민회는 1896~1898년 사이 활동한 독립협회가 해산된 뒤 다양한 방식으로 개화·개혁·애국계몽 운동을 진행하던 여러 세력이 다시 결속된 조직이었고, 지역별 조직을 갖춘 한말 최대 규모의 애국계몽 조직이었다. 이전까지 입헌군주제를 대한제국의 대안으로 모색했던 애국계몽세력이 공화제를 공식적인 대안체제로 내세운 첫 조직이고, 이런 지향은 3·1 운동 이후 출범하는 임시정부로 이어졌다. 일제의 탄압을 우려해서 비공개 원칙으로 운영되었고, 회원은 엄격한 심사를 통해서 입회를 허락받을 수 있었다.

국권 회복을 위한 실력 양성을 주창하고 사회 모든 부문의 혁신을 표방했다. 신문·잡지·출판 사업을 조직하고, 인재 양성을 위한 학교 설립을 선도하며, 건전한 기업을 발전시키고, 국외에 무장독립 운동을 이끌 기지 구축을 도모했다.

이 책의 이어지는 부분에서 확인하게 될 이석영, 이회영 등의 만주 이주와 신흥무관학교 설립은 신민회의 활동 내용과 일치하고, 실제로 이 조직의 방침을 이행한 것이기도 하다.

일제는 경술년 강제 국권침탈 이후 황해도, 평안도를 중심으로 애국자들에 대한 공세를 강화했고, '데라우치 총독 암살 음모 사건'이라는 것을 날조, 탄압하면서 105명의 애국 운동가들을 구속했다. 일명 '105인 사건'이다. 이 사건 이후 국내에서 신민회 활동은 퇴조하였고, 애국독립운동은 국외 운동기반 구축 등 새로운 전망을 내다보며 재편되기에 이른다.

3. 근대화, 자기혁신의 길

조선의 운명은 날로 어두워졌다. 러일전쟁이 있고 난 뒤 1905년 을사늑약이 강제 체결되었다. 이때 생부 이유승은 이에 반대하는 상소를 올리고, 친일 관료 박제순의 의정 서리 임명에 반대했다. 더구나 그 박제순 집안과 맺은 손자의 혼인 가약을 파기했다. 양반가 의례에서 흔치 않은 파격적인 대응이었다. 여섯 형제와 의논이 없을 수 없는 일이었고, 자식들이 동의했기에 가능한 일이었을 것이다.

이듬해 생부 이유승이 세상을 떠났다. 생모 동래 정씨는 칠 년 전 1899년에 이미 돌아가셨다. 부모들의 3년상을 치르느라 형제들의 대외활동은 얼마간 뜸했다.

이석영도 1904년 장예원소경(掌禮院小卿)을 끝으로 더는 관직에 나서지 않고 후학 지원과 육영사업 등의 활동에만 머물렀다.

이 시기 이석영은 한강 변의 정자 천일정 소유권을 둘러싸고 민영휘 등과 소송을 했고(대한매일신보, 황성신문), 자신이 소유한 황해도 재령 소재 장토의 문권을 위조하려는 사기범들로부터 재산을 지키는 일로 행정 분쟁을 치르기도(대한매일신보) 한다. 저동 소재 집이 일본 공병대 영사로 수용되어 그 대금으로 6만 냥을 받게 되었다는 기록(궁내부 훈령)도 있다. 모두 여러 곳에 산재한 그의 재산이 상당함을 확인시켜주는 기록들이다.

집안에는 이 시기 여섯 형제의 우의를 전하는 일화도 전해오고 있다. 여러 형편을 살피면 1905년 전후, 생부 이유승이 별세한 1906년 이전의 일이다.

여섯 형제의 아래로 여동생 하나가 있었다. 나이가 들어 혼인했는데, 신랑이 일찍 죽고 말았다. 당시는 갑오개혁 이후여서 갑오개혁에서 발표한 '과부의 재가 허용' 방침에 따라 법률로는 재혼해도 문제가 되지 않을 상황이었다. 그러나 갑오년 이후 여러 개혁 조치에도 불구하고 사회문화적 변화는 그리 쉽게 이루어지지 않았다. '남편이 죽으면 아내는 수절해야 한다' '따라 죽는 것이 열녀의 가장 아름다운 도리'라는 예법과 맹신이 엄연하던 때였고, 양반가에서는 불문율로 여기던 시절이었다.

여섯 형제는 의견을 모아 여동생을 친정으로 데리고 왔다. 그리고 얼마 후 그 여동생이 죽은 것으로 주위에 알리고 거짓 장례까지 치른 후, 그 동생을 데려다가 다른 남자와 재혼을 시켰다. 이 소식을 들은 아버지 이유승은 딸이 살아 있고, 재혼해서 잘 살고 있다는 얘기를 듣고 크게 기뻐했다 한다.

이렇듯 여섯 형제의 우의는 든든했고, 당시의 사회상황에 비추어보면 혁신적이고 진취적이었다.

한편 이 시기 자녀들의 신식학교 입교, 신학문 교육에 대해 이석영이 친동생 이회영과 이견이 있었음을 확인시켜주는 기록도 주목된다.

> 무신년(1908년)은 지금으로부터 60여 년 전이 되니 얼마나 완고하리오. 학교도 희소하고, 남자 아동은 한문이나 가르치고, 재력이 넉넉한 가정은 선생이나 두고 글을 가르치는 시대라. 우당장(남편 우당 이회영 높임말)이 규룡, 규학, 규봉, 규면, 규훈 다섯 종형제를 삭발해 입학을 시켰더니 둘째 영감께서 아우님을 꾸짖으셨다. 우당장은 웃으시면서 "형님, 시대가 시시로 변천하니 규준도 입학시켜서 바삐 가르쳐서 우리나라도 남의 나라처럼 부강해야지요." 영감께서는 아우님 말씀을 신용을 잘 하시는지라 모든 친구들에게도 권하여 자녀들을 입학시키는 사람이 다수이더라.
>
> - 이은숙 〈서간도 시종기〉 53쪽

이석영이 자제들의 신식학교 입교와 삭발에 대해 못마땅하게 여겼으나 동생 이회영과 의논해서 이를 수용했다는 얘기다. 그 시기 이석영의 교육관 변화를 가늠해볼 수 있다.

엄정한 양반 가문, 큰 집안의 대를 잇는 독특한 신분인 이석영은 개화사상을 가졌다 하나, 문화적 혁신은 보다 진취적인 동생들을 통해 이룰 수 있었다고 이해할 만하다. 또 동생과의 논의와 이견의 조정 장면을 통해 형제간 신뢰와 연대감을 확인할 수 있다.

집안에 내려오는 전언으로도 이석영이 큰 재산가, 고위 관료 출신 양반가의 전통을 지키면서도, 개화와 신문물에 대해 개방적 태도를 지녔던 것만큼은 분명했다. 몇몇 기록과 후대의 증언을 감안하면 이석영이 개화사상을 널리 교육하는 육영사업에 관심이 많았다고 전해오고 있기도 하다. 이석영의 제수였던 고 이은숙 여사의 저와 같은 기록은 그들 형제 사이의 유대와 연대감이 민주적이고 또 확고하기도 했음을 보여준다.

4. '우리 형제, 대의를 따라 살겠노라!'

1905년 을사늑약으로 일제의 의도는 명백해졌고, 1907년 정미 7조약과 헤이그 밀사 사건 이후 고종의 강제 폐위로 사실상 국권 상실이 현실이 되었다.

이런 상황에서 신민회 등 애국운동가들은 일제의 국권침탈 이후의 운동을 준비하지 않을 수 없었다. 조직의 공개를 최소화하고 일제의 탄압으로부터 방위하기 위한 대책이 그 하나이겠으나, 국권 상실의 상황에서 미래를 보장할 수 없었다. 그래서 다른 하나의 방도는 일제의 통치권이 미치지 않는 국외에 운동의 근거지를 마련하는 것이었다. 신민회는 독립운동의 해외 거점 구축을 조직의 실질 목표의 하나로 표방하고 있었다. 이 일에 가장 발 빠르게 움직인 주역 중 하나가 이석영의 동생 이회영이었다.

이때 주목할 만한 기록이 있다. 이석영과 그 일가의 이후를 결정하게 될 신민회의 결의를 전하는 기록이다.

기유년(1909년) 봄 경성 양기탁의 집에서 개최된 신민회 간부 비밀회의에서 의결한 해외독립기지건설, 군관학교설치의 건을 실행하는 제1보로 한국의 세신(世臣)인 이석영, 이회영, 이시영 등 형제와 이상룡, 이동녕, 김동삼, 윤기섭, 김창환, 주진수, 이광 등이 조국 광복의 대지(大志, 큰 뜻)를 품고 자금과 가권(家眷, 집문서)을 휴(携, 갖고서)하고 먼저 떠나기로 결정하였다.

- 문일민(文一民) 〈한국독립운동사(韓國獨立運動史)〉 단기 4285년(1949년) 2월 5일 954쪽

이 기록은 해외독립기지 건설, 군관학교 설치를 결의하고 이석영 형제들이 이 방침을 따르기로 결정한 게 1909년이라고 적시하고 있다. 이후 전개될 이주의 규모, 정리하는 재산의 크기 등을 감안하면 상당한 신빙성이 있는 기록이라고 여겨진다.

신민회는 1910년 이전, 미주지역에 안창호와 이갑, 러시아 연해주 지역에 이동녕, 북간도에 이동휘, 서간도에 이회영, 북경지역에 조성환을 각각 파견해서 독립운동 기지 건설의 가능성을 탐색했다. 이회영은 1910년 7월 초 이동녕, 장유순, 이관직 등과 함께 종이장수로 가장하여 압록강을 건너 서간도 지역을 직접 답사하고 돌아왔다.

이회영 귀국 후 이석영, 이회영, 이시영 등 여섯 형제가 한자리에 모였다. 음력으로 1910년 8월이라는 기록을 살피면 아마도 일제의 강제 국권침탈 직후 9월 어느 날일 것이다. 이 자리는 사실상 일제 강점 이후 가문의 진로를 모색하는 자리이고, 신민회의 방침에 따라 서간도 지역을 탐색하고 온 이회영의 현지 탐문 보고의 자리이기도 한 셈이었다.

모인 여섯 형제는 명실상부한 대한제국의 '갑족' '금수저들'이라고 할 만했다. 장형 건영은 석영·시영의 과거 급제 3년 후 과거에 합격해서 익위사(세자 경호대)를 시작으로 정3품 통정대부에 올랐다가 스스로 낙향해서 집안을 책임지며 양반가 의례를 책임지고 있었고, 둘째 석영은 고위 관직에 있다가 육영사업 등 후진 양성에 매진하던 이이고, 셋째 철영은 헌릉원 참봉을 지낸 이이고, 넷째 회영은 신민회 활동을 앞장서서 이끌면서도 고종과 특별한 교유를 이어온 사대부이고, 다섯째 시영은 1885년 과거에 합격해서 1907년까지 스무 해가 넘도록 국왕 보좌와 외교, 법제 부문에서 일하던 문벌 관료였다. 막내 호영 역시 광무 7년(1903년) 종2품 직위의 관직을 맡고 있었다는 기록을 확인할 수 있다(왕현종 교수 연구자료). 여섯 형제 모두 고종의 신하들이었고, 비록 관직에서 물러선 형제 누구라도 배우고 익히기를 게을리하지 않던 양반 학인들이었다.

이 자리에서 이회영은 왜적 치하를 떠나 대의를 따라 살기를 제안했다고 한다.

"슬프다! 세상 사람들은 우리 가족에 대하여 말하기를 대한 공신의 후예라 하며, 국은(國恩)과 세덕(勢德)이 당대의 으뜸이라 한다. 그러므로 우리 형제는 나라와 더불어 안락과 근심을 같이 할 위치에 있다. 지금 한일합방의 괴변으로 인하여 한반도의 산하가 왜적의 것이 되고 말았다. 우리 형제가 당당한 호족의 명문으로서 차

이건영　　　　　　　　　이석영

이철영　　　　　　　　　이희영

이시영　　　　　　　　　이호영

여섯 형제 결의 기록화(사진 제공: 우당기념사업회)

4. '우리 형제, 대의를 따라 살겠노라!'

라리 대의가 있는 곳에 죽을지언정, 왜적 치하에서 노예가 되어 생명을 구차히 도모한다면 이는 어찌 짐승과 다르겠는가? 이제 우리 형제는 당연히 생사를 따르지 않고 처자노유(妻子老幼)를 인솔하고 중국으로 망명하여 차라리 중국인이 되는 것이 좋겠다고 생각한다. 또 나는 동지들과 상의하여 근역(槿域)에서 하던 모든 활동을 만주로 옮겨 실천하려 한다. 만일 뒷날에 행운이 있어 왜적을 부숴 멸망시키고 조국을 다시 찾으면 이것이 대한 민족 된 신분이요, 또 왜적과 혈투하시던 백사공(= 이항복)의 후손된 도리라고 생각한다. 여러 형님 아우님들은 나의 뜻을 따라주기를 바라노라."

- 이정규·이관직 〈우당 이회영 약전〉 145~146쪽

많은 기록은 이 자리에서 여섯 형제의 만주 망명이 결정되었다고 전한다.

8월 회초간에 회한하여 여러 형제분이 일시에 합력하여 만주로 갈 준비를 하였다. 비밀리에 전답과 가옥, 부동산을 방매하는데, 여러 집이 일시에 방매를 하느라 이 얼마나 극난하리오. 그때만 해도 여러 형제 집이 예전 대가의 범절로 남종, 여비가 무수하고 군신좌석이 분명한 시대였다. 한 집안 부동산 가옥을 방매해도 소문이 자자하고 하속의 입을 막을 수 없는 데다 한편 조사는 심했다.

- 이은숙 〈서간도 시종기〉 63쪽

하지만 여러 정황을 살피면 그보다 더 일찍부터 더 긴 기간 동안 망명을 준비하고 있다가, 이회영의 만주 시찰 후 망명해서 생활할 지역을 확정하고, 보다 구체적인 준비에 나서게 되었다고 보는 게 합당할 듯하다.

당시 행적 중 가장 주목할 만한 것으로, 이석영이 그즈음 처분한 재산 중 가장 큰 규모였을 것으로 추정되는 양주(현재 남양주)의 대규모 토지를 일제 합병 전에 매각했다는 기록을 들 수 있다. 그는 그해 6월 초 양주군 화도면 가곡리 소재 임야 577정보(약 173만 평 규모)의 대규모 재산을 처분한다. 8월 말 경술국치 이전의 일이다. 그 규모를 감안할 때 매매가 이루어진 시점 이전에 매수자를 물색하고 매각을 추진했으리라는 건 능히 추정할 수 있다.

그해 연말까지 여섯 형제는 그렇게 가진 재산을 처분할 수 있는 건 모두 처분해서 나라를 떠날 준비를 한다. 매각에 실패한 재산은 포기했고, 한두 해 뒤 토지조사사업을 통해 조선총독부의 재산으로 귀속된, 사실상 강탈당한 재산도 적지 않았다. 대표적으로 저동(지금의 명동 입구) 이유승의 저택과 이석영이 양부로부터 물려받은 8천 평 규모의 땅(이 땅은 한말 청나라 군대의 주둔지였는데, 청군이 물러갈 때 고종이 이유원에게 하사했다는 증언이 있으나 기록으로 확인되지는 않는다)은 일제의 눈을 피하느라 팔지 못하고 떠날 수밖에 없었고, 이듬해 조선총독부에 강탈당했다.

〈기려수필〉 기록을 살피면 당시 이석영과 그의 형제들이 살림

집을 처분하는 과정에서 큰 집을 팔고 작은 집을 사느라 창의문 밖 세검정의 임시 거처로 이사를 했다고 하는데, 실제인지, 그 집이 어디인지도 밝혀진 바 없다.

여섯 가족이 한꺼번에 국외로 망명하는 사례는 세계 역사상 전무한 일이다. 그런 사례를 찾을 수 없다. 더구나 그들이 그 사회의 최고 지도층이고, 막강한 경제력과 그 기반이 국내에 있음에도 그를 처분하고 떠나는 것은 더욱 유례를 찾기 어렵다.

최상위층이었던 이들은 그 사회에 대한 책임감에서 명실상부한 지도층이라 할 만한 태도를 확고히 보여주었다. '삼한갑족'이라 불리던 명문가의 여섯 형제는 국권 상실의 현실을 눈앞에 두고 해외로 나가 나라를 되찾는 일에 함께 나서기로 결심한다. 위 이회영이 형제들 회의에서 내놓은 제안이 이를 확인시킨다. 조선을 자신들이 지킬 나라라고 여기지 않는 한 불가능한 제안이다. 또한, 형제들 사이에 '함께 살고 함께 죽는다'는 선험적인 동행의식이 전제되지 않고도 불가능한 일이다. 당시 우리 사회의 강력한 가족주의 전통, 여섯 형제 사이의 의리가 그와 같은 결정을 가능케 했으리라는 건 능히 짐작할 수 있다.

이들이 식민지로 떨어진 조선에 그냥 머물렀다면 호의호식하며 세속적인 성공을 보장받으며 살았을 것이다. 설혹 일제의 식민침탈을 앞장서 이끌지 않았다 하더라도, 통치 주체의 변화를 묵인만 하면 부와 권세를 누렸을 것이다. 당시 일제는 식민통치에 앞장서거나 그에 동의하는 권문양반가들에게 작위와 막대한 은사금을 넘겨주었다. 여섯 형제가 그 대상이 되는 건 당시로서는 자연스러운 일이었다. 그러나 그들은 그런 안락을 뿌리쳤다.

이 결정에서 주목하지 않으면 안 될 사람이 이석영이다. 당시 여섯 형제가 처분한 재산의 대부분은 이석영의 것이었다. 당시 처분된 양주(현재 남양주), 포천, 한양의 땅 대부분이 그의 소유였다.

> 우리 시숙 영석장은 우당 둘째 종씨인데 백부 이유원 댁으로 양자 가셨다. 양가 재산을 가지고 생가 아우들과 뜻이 합하셔서 만여 석 재산과 가옥을 모두 방매해 가지고 경술년 12월 30일에 대소가가 압록강을 넘어 떠났다.
>
> - 이은숙 〈서간도 시종기〉 65쪽

이때는 벌써 합병이 된 뒤이므로 급급히 동지를 이주시키기로 결정하고 우선 근거지 설정에 필요할 자금을 내놓을 사람을 구하였는데 동지 중 이회영 씨와 그의 동생 이시영 씨의 소개와 권고로 그의 형 이석영 씨의 동의를 얻었다. 그네 형제들 중에는 이석영 씨가 재산이 있었는데 그는 일찌기 과거하고 벼슬길에 다니다가 국사가 글러짐을 보고 봉관은퇴(掛冠隱退, 관직에서 물러나 칩거)하야

울분(鬱憤) 속에 지내던 터이므로 곧 응답(應諾)하고 전 재산을 내놓아 모든 형제의 전 가족을 대리고 서간도로 이주하기로 결정하였다.

- 〈한민 3호〉 1936.5. 한국국민당 당보

이렇게 처분한 이들 재산의 가치는 얼마일까? 가장 가까이 있었던 사람 중 한 사람이고 만주 망명길에 함께한 이회영의 아내 이은숙은 '만여 석, 40만 원'을 만들어 망명길에 올랐다고 기록하고 있다. 당시 40만 원은 같은 시기 설립된 한일은행, 한성은행, 천일은행 등 3개의 시중 은행 설립 자본금 총액 32만 5천 원과 비교되기도 한다. 은행 세 개를 설립하고도 남는 금액이었다는 것이다. 1969년 〈신동아〉는 당시 환산한 가치로 600억 원 정도라 했다. 지금으로부터 50년 전에 계산한 값이다. 물론 대부분 부동산인 당시 처분 재산의 현재 시가는 2조 원을 넘는다. 하지만 이건 오늘의 가격일 뿐이고, 당시 처분한 재산의 가치는 그것대로 평가해야 할 것이다.

일제는 강점 초기부터 항일독립운동을 폄훼하면서 '독립운동은 상것들이 하는 것'이라고 여론을 호도했다(장정화 〈장강일기〉). 실제로 양반계층의 독립운동 참여는 흔치 않았다. 일제는 과거 조선의 신분질서를 그대로 용인했고, 협력하는 양반에 대해서는 특별한 처우와 보상으로 예우했다. 양반 가문의 대다수가 식민통치를 묵인한 것은 일제가 조선의 신분질서를 용인하고 그들의 권세를 보장했기 때문일 것이다. 이런 상황에서 이석영 일가의 결단과 망명은 민족사의 한 자부심으로 남을 만하다.

여섯 형제 일가의 망명 소식을 듣고 독립운동가 이상재 선생은 이렇게 말했다.

> "동서 역사상 나라가 망할 때 망명한 충신 의사가 비백비천(非百非千, 수백 수천 명)이지만, 우당 군과 같이 6형제 가족 40여 인이 한마음으로 결의하고 일제 거국(擧國, 나라를 떠난 일)한 사실은 예전에도 지금도 없는 일이다. 그 미거(美擧, 장한 일)를 두고 볼 때 우당은 이른바 유시형유시제(有是兄有是弟, 그 형 그 동생)로구나. 진실로 6인의 절의(節義, 절개와 의리)는 백세청풍(百世淸風, 오랫동안 이어질 아름다운 이야기)이 되고, 우리 동포의 가장 좋은 모범이 되리라 믿는다."

- 이정규·이관직 〈우당 이회영 약전〉 183쪽

5. 고국을 등지고 건너는 압록강

나라를 잃은 그해 12월 30일 여섯 가족은 서울을 떠났다. 출발지는 제각각이어서 용산, 남대문에서 출발한 가족이 있고, 파주 장단에서 출발한 가족도 있었다고 한다. 일행 중 한 사람인 이은숙 여사의 기록에 따르면 자신의 대열은 아침에 출발해서 밤에 신의주에 이르렀다고 한다. 6~7대의 차량을 나누어 타고 철도역에 나섰고, 신의주에 이르는 먼 길은 기차를 이용했을 것이다. 한양에서 출발하기 전 모두 무사함을 확인하고 모이기 전까지는 서로 마주쳐도 아는 체하지 않도록 자녀들과 식솔들에게 주지시켜, 서로 모른 척하며 긴 여정의 첫날을 긴장 속에 보냈다고 한다.

그들은 미리 정한 신의주 압록강 변의 주막에 모였다. 행인에게 밥도 팔고 술도 파는 집이었다. 이 집은 당시 항일운동에 뜻을 두고 압록강을 건너던 이들이 통상 경유하던 집이었던 듯하다. 이건승, 홍승헌 등 앞선 독립운동가들 역시 이 집을 이용했다는 기록이 있다. 이 집에 모인 여섯 형제의 가족과 식솔들은 밤을 새워 중국인 안내자들을 따라 압록강을 건너 안동(현재의 단동)에 이른다.

국경이라 경찰의 경비가 철통같이 엄숙하지만, 새벽 세 시쯤은 안심하는 때다. 중국 노동자가 강빙에서 사람을 태워 가는 썰매를 타면 약 두 시간 만에 안동현에 도착한다. 그러면 이동녕 씨 매부 이선구 씨가 마중 나와 처소로 간다.

- 이은숙 〈서간도 시종기〉 65쪽

그렇게 압록강을 건넌 가족들은 먼저 와서 기다리던 이석영과 만났다. 발각을 우려해서 이석영 등이 먼저 단동으로 넘어간 것이다.

신의주에 도착하여 몇 시간 머물다가 새벽에 안동현에 도착하니, 영석장께서 마중 나오셔서 반기시며 '무사히 넘어 다행이라' 하시던 말씀 지금도 상상이 되도다.… 27일에 (이회영이) 국경을 무사히 넘어 도착하시니 상하 없이 애국심이 맹렬하고, 왜놈의 학대에서 벗어난 것만 상쾌하고, 장차 앞길을 희망하고 환의만만으로 지내 가니 차호라.…
정월 초아흐렛날에 임시로 정한 횡도촌으로 향하였다.… 안동현에서 횡도촌은 5백 리가 넘는지라. 입춘이 지났어도 만주 추위는 조선 대소한 추위 비치도 못하는 추위이다. 노소 없이 추위를 참고, 새벽 4시만 되면 각각 정한 차주는 길을 재촉해 떠난다. 채찍을 들고 '어허!' 소리 하면 여러 말들이 고개를 치켜들고 '으흥!' 소리를 하며 살같이 뛴다.… 7, 8일 만에 횡도촌에 도착하여 시량은 넉넉하나, 5칸 방자에 60명 권속이 한데 모여 날마다 큰 잔칫집같이 수런수런 수란하게 며칠을 지냈다.

만주 망명 기록화 (화가 백범영)

둘째 댁 식구와 우당장 식구가 먼저 유하현 삼원보라는 곳으로 가서, "장구히 유지도 하고 우리 목적지를 정하여 무관학교를 세워 군사 양성이 더욱 급하다" 하시고 신해년 정월 28일에 떠나게 되었다. 성재장(이시영 선생)도 단신으로 "두 분 형님을 모시고 가서 자리를 정한다"고 같이 가셨다.

- 이은숙 〈서간도 시종기〉 65~71쪽

이렇게 황망한 가운데 압록강을 도강하면서도 이석영 형제들은 마음의 여유가 있었다. 수고해준 뱃사공에게 후하게 뱃삯을 주자 뱃사공이 어쩔 줄 몰라하며 고마워했다고 한다. 그러자 "우리에게 고마워하지 말고 앞으로 만약 일본 경찰이나 헌병에게 쫓기는 투사가 돈이 없어 헤엄쳐 강을 건너려 하거든 우리를 생각하고 그 사람을 배로 건너게 해주시오" 했고 뱃사공은 머리를 숙여 분부대로 하겠다고 약속했다 한다.

가족들은 단동 처소에서 9일을 보내고 임시 거처인 횡도촌으로 향한다. 500리 길이다. 한겨울, 10여 대의 마차를 이용한 이동이었다. 눈밭, 지독한 추위, 여관을 만나면 자고 그렇지 못하면 밤을 새워 달리는 여정이었다. 8일이 걸렸다고 한다.

눈과 얼음이 뒤덮인 산야에서 사오백 리 길을 헤쳐나가는 데는 10

여 일이 걸려야 했다. 살을 에어 내는 눈보라와 찬바람에는 헌헌장부도 그 고초를 이겨 내기가 어려웠을 텐데 부녀자와 어린이, 노인들에게는 어떠하였겠는가. 고난의 10여 일이 지나고 황따오 촌에 도착하여 어장을 풀고, 그곳에서 겨울을 나기로 하였다. 그들이 살게 될 몇 간의 토담집과 겨우살이 준비의 정경은 참으로 옛날의 부귀를 갖추었던 호화로운 생활이 이젠 한바탕의 꿈으로 변하고 몰락하여 떠도는 망국유민(亡國流民)의 처참한 모습 그것이었다.

- 이정규·이관직 〈우당 이회영 약전〉 44~45쪽

횡도촌에서 일행은 10여 일을 또 머물렀다. 5칸 구조의 주택을 빌려 임시 거처로 사용했다. 여기서 목적지를 의논했다. 생활근거지를 마련하는 것이고 만주에서 해낼 독립운동의 미래를 구상하는 것이었다. 목적지는 유하현 삼원보 추가가로 정해졌다. 삼원보는 횡도촌에서 6백여 리 떨어져 있고, 그곳에서 더 외진 곳 추가가는 오랫동안 중국인 추(鄒) 씨들의 집성촌이어서 붙여진 이름이었다. 다시 10여 일이 걸리는 도정이었다. 이 길은 이석영, 이회영 두 어른의 가족이 먼저 출발해서 정해진 마을에 자리를 잡고, 뒤따르는 가족을 맞았다.

거의 40여 일에 걸친 여정이었다. 나라 잃은 백성의 설움이 함께 했을까. 양반가의 식솔들이 처음으로 겪는 고초였을까. 실로 장엄

한 여정이 아닐 수 없다. 그리고 그들은 그렇게 목적지 추가가에 짐을 풀었다.

이곳은 몇 달 전 이회영이 이동녕 등과 서간도 지역 답사 때 함께 둘러보고 대가족의 정착지로 정한 곳이었다. 그곳이 옛 고구려의 중심지였고, 산속 깊은 지역이면서도 통화, 유하 등과 멀지 않아 교통이 원만한 지역으로 평가했다고 한다.

이석영 집안의 이주 이전에도 삼원보 인근 지역은 조선 사람들에게 낯선 곳이 아니었다. 1895년 단발령과 명성황후 시해사건이 있었던 직후 제천, 단양 지역을 중심으로 의병을 일으켰던 의암 유인석이 망명을 왔던 곳이고, 비슷한 시기 백범 김구 선생이 의병 기지 건설을 위한 배후지 물색을 위해 돌아본 곳이기도 하다. 무엇보다 이회영, 이동녕이 신민회 정찰 활동의 일환으로 서간도를 방문했을 때 이러한 사실들을 이미 확인했고, 그런 앞선 모색들이 이석영 일가의 삼원보 지역 정착을 결정하도록 했을 것이다.

그들이 자리를 잡은 직후 한 달쯤 뒤 경상북도 안동의 혁신 유학자 석주 이상룡(이주 당시 이름은 이상희였고, 만주 망명 후 이상룡으로 개명)과 같은 지역의 김대락, 김동삼 등 영남지역 양반 명문가 가족들이 이석영 여섯 형제 가족의 망명길을 따라 신의주에서 단동을 거쳐 추가가에 왔다. 기록에 의하면 그 대열이 300명에 이르렀다고 한다.

이상룡은 일찍이 영남 지역에서 학문으로 명성을 날렸고, 을사늑약 후 일제의 국권침탈에 맞서 영남 의병을 이끌었고, 후일 대한민국 임시정부 국무령을 맡게 되는 걸출한 독립운동가였다(2018년 남겨진 석주 이상룡의 집 '임청각'에 문재인 대통령이 방문해서 애국 여정을 선양한 일로 세인의 주목을 받기도 했다).

김대락, 김동삼 선생 역시 개화기 영남 지역에서 민족자강운동, 협동학교 설립 등 육영사업에 앞장서던 우국지사들이었다. 이들 영남 지역 이주자들 역시 영남에서 신민회와 연이 닿아있던 이들이었고, 망명 결정 역시 이석영 가족의 망명과 같이 신민회의 해외 독립운동 기지 건설 방침에 따른 일이었다.

그렇게 이루어진 '한양의 갑족' 이석영 6형제 가족과 '영남의 갑족' 선각자들의 조우는 이후 우리 독립운동의 한 장을 연다. 특히 이상룡(1858-1932)은 이석영(1855-1934)과 동년배로 나이가 세 살 아래였다. 아마도 다른 형제들보다 두 어른이 가장 잘 어울릴 수 있었을 것이다. 이상룡은 만석꾼 이석영이 앞서 망명 와서 고생하는 것을 위로했을 것이다(〈석주 유고〉 참조).

"이 만주는 원래 단군성조(檀君聖祖)께서 나라를 세운 곳이고 그 후에도 고구려의 옛 강역(疆域)이기도 합니다. 그러니 이곳은 이역이 아니라 우리 땅이나 마찬가지입니다. 내 생각으로는 목숨을 보전할 땅으로 이곳 이상 아마 어디에도 없을 것입니다. 희망을 양식으로 삼고 곤경을 기반으로 삼아 온갖 풍상(風霜)을 무릅쓰면서 이곳에서 죽는다 해도 후회하지 않을 것입니다."

이석영과 그의 형제들 및 이상룡이 이끈 안동지역 유림 등 대가족의 서간도 이주는 해당 지역 중국인들에게는 의외의 상황이었다. 그 이전까지 19세기 중엽 이래로 조선인의 만주 이주는 꾸준히 증가해왔다. 주로 생계문제를 해결하기 위해 평안도와 함경도 북쪽 지역의 주민들이 가까운 압록강과 두만강을 건너 서간도와 북간도 지방으로, 더 멀리는 연해주까지 이주해 갔고, 일부 식민지로 전락해가는 조선의 상황을 개탄한 이주민이나 우국지사들의 독립운동을 위한 망명이 거듭되었다.

만주에는 주인 없이 버려진 땅, 개간 가능한 황무지가 널려 있었다. 그런 땅을 개간하고 정착에 성공한 조선인들의 생활력은 만주인들에게 경이롭게 보이기도 했다. 항상 우호적인 것은 아니었으나 중국인들이 자신들이 돌보지 못하는 땅을 개척하는 이들에게 처음에는 적대적이지 않았다. 차라리 만주 땅이 너무 넓어, 그렇게 생활터전을 일구는 조선인에 대해 우호적이기도 했다. 그런데 그렇게 우호적이기도 했던 중국인들이 긴장하게 되었다. 당초 몇 집씩이었던 그런 이주와 달리 수백 명의 조선인이 몰려온 데다가 땅을 사들이겠다고 흥정을 하니, 중국인들의 경계심이 차츰 더해 갔다. 원래

이 고장은 추 씨들이 누대에 걸쳐 같이 살아왔는데 만약 한국의 돈 많은 사람들에게 땅을 다 팔고 나면 자기들은 어디로 가야 하나 걱정하게 된 것이다. 그러다가 드디어 그들은 땅 파는 것도 거부하고 유하현 정부에 가서 진정하여, 공무원과 경찰들이 와서 더 이상 이곳에 머물지 않도록 행정조치를 취하겠다고 했다. 더욱이 이들은 돈 씀씀이를 보고 망명객이 아닌 일본인의 만주 진출을 위한 앞잡이로 오인해서 중국 관헌들의 단속이 더 심해지기도 했다. 당시 상황에 대해 이은숙 여사는 이렇게 기록하고 있다.

> 추가네 어른인 순경 라오예가 유하현에 고발하기를, "이왕에는 조선인이 왔어도 남부여대로 산전박토나 일궈 감자나 심어 연명하며 근근이 부지하였다. 그런데 이번에 오는 조선인은 살림차가 수십 대씩 짐차로 군기(軍器)를 얼마씩 실어 오니, 필경 일본과 합하여 우리 중국을 치려고 온 게 분명하니 빨리 꺼우리('고려인'의 현지어)를 몰아내 주시오" 하였다.
> - 이은숙 〈서간도 시종기〉 73쪽

이석영은 당초 이 지역을 시찰하고 간 이회영, 이동녕, 장유순에게 현정부(懸政府, 지방정부)를 찾아가 해결하도록 했다. 이들은 현정부와 접촉하고 설득했다. 그러나 현 상태 이상으로 땅을 늘리거나 집을 짓는 것은 허가되지 않아서 보다 근본적인 대책이 필요했다.

이들은 봉천에 있는 동삼성총독 조이손(東三省總督 趙爾巽)을 찾아가 해결책을 모색하고자 했다. 하지만 총독을 만나기조차 어려웠다.

빈손으로 돌아와서 다시 이석영, 이상룡 등과 모여서 차후 대책을 강구하고자 논의하였다. 이때 이석영이 대책을 내놓았다.

"북경의 원세개(袁世凱) 총리를 찾아가는 길밖에 없소. 원 총리는 나의 양부 이유원과 각별했던 사이여서 나와도 안면이 있소. 그러니 내가 서신을 쓰겠소"

이석영의 서신을 들고 이회영 등이 북경으로 원세개를 찾아갔다. 다행히 원세개는 한국에 군사령관으로 주둔 시 양반댁 규수 김씨 부인과 결혼하여 그를 통하여 접근이 가능했다 한다. 이회영 등을 접견한 원세개는 이유원 대감의 이야기가 나오자 "참으로 조선의 큰 어른이셨다"라고 하면서 "나의 상관이었던 리훙장 북양대신이 조선에서 무슨 일이든 그 어른과 의논하라고 하셨다"라고 회고하였다. 그리고 부하 호명신(胡明臣)에게 "이분들을 모시고 현지에 총독을 찾아가 해결하고 돌아오라"라고 명하였다. 이런 뒷배가 있어 봉천의 현정부와 우호적인 접촉이 가능했다. 이회영은 한자로 필담을 나누며 "일제의 노예로 살기보다는 나라를 찾기 위하여 아우가 형의 집을 찾듯이 찾아온 것이니 형제지국으로 도와주시기 바라오" 호소하였다. 이렇게 해서 삼원보 정착을 허락받을 수 있었다(이종찬 이사장 진술).

6. 조선인 자치조직 건설에 앞장서

> 1910년, 곧 경술년에 이르러 한국은 명실상부한 왜구의 식민지가 되었고 총칼을 앞세운 왜구는 닥치는 대로 한인을 유린하기 시작하였다. 망국의 쓰라림을 맛본 한인은 국내에서는 이미 생명과 재산을 유지할 보장이 없음을 깨닫게 되었다. 그리하여 야수와 같은 저들의 폭압을 피하기 위해 부득이 눈물을 머금고 조상 대대로 살아온 고향을 등지게 되었던 것이다. 갓난아이와 노인을 포함한 수많은 한인이 무리 지어 속속 동북으로 모여들기 시작하였다. 당시 이주한 인원과 지역은 그 전에 비해 훨씬 많고 광범위하였다.
>
> - 광복 제1권(1941.3.) 〈지난 30년간 중국 동북지방의 한국혁명운동〉

이석영 일가의 이주 이전부터 만주 지방은 조선인 이주자가 꾸준히 밀려 들어왔다. 경술년 국권강탈 직후 추세는 더욱 커졌고, 얼마 지나지 않아 애초 거주하던 만주족을 압도할 만큼 많아졌다. 무엇보다 중국인들의 질시를 이기고 생업의 토대를 만드는 것이 첫째이고, 둘째로는 모여 사는 규범과 질서를 만드는 게 시급했다. 기획 이주를 한 이석영 일가, 이상룡 등 선각자가 맡아야 할 일기도 했다. 그래서 이주 후 가장 먼저 한 일은 조선에서 이주한 이주민들이 자치조직을 꾸리는 것이었다. 이에는 이회영, 이동녕의 역할이 컸다.

서간도 이주 후 한두 달 뒤인 1911년 4월 추가가 인근 대고산에서 민족지도자, 이주자들의 노천 군중대회가 개최되었다. 모두 300여 명이 참여했다고 하니 그 규모가 작지 않다. 이때 이미 공화주의 정체의 씨앗이 뿌려졌다고나 할까? 이제 이곳에서 왕이 다스리는 나라가 아니라 민초들이 스스로 자주적인 입장에서 민주적으로 결정하는 지역공동체를 이룬 것이다.

군중대회는 임시의장으로 이동녕을 선출하였고 다섯 가지 결의를 했다.

첫째, 민단 자치기관의 성격을 띤 경학사(耕學社)를 조직한다.
둘째, 전투적인 도의에 입각한 질서와 풍기를 확립한다.
셋째, 개농주의(皆農主義)에 입각하여 생계 방도를 마련한다.
넷째, 학교를 설립해서 주경야독의 신념을 고취한다.
다섯째, 기성 군인과 군관을 재훈련하여 기간 간부로 삼고, 애국청년을 모아 국가의 동량 인재로 육성한다.

석주 이상룡이 초안을 잡고 여섯 형제와 이상룡, 이상설, 이동녕 등이 함께 결의한 '경학사 취지문'은 그 심경을 확연히 살필 수 있게 한다.

차라리 칼을 빼어 자결하고 싶어도 그러면 내 몸을 죽여 적을 쾌하게 할 염려가 있다. 음식을 끊어 굶어 죽고 싶어도 어찌 차마 나를 팔고 이름을 팔겠는가. 그것은 장차 눈물을 흘리며 하늘이 다하는 치욕을 받지 않겠는가. 대체로 힘을 길러 끝내 결과를 보아야 한다. …
아! 우리 집단을 지키는 것은 곧 우리 민족을 지키는 것이오. 우리 경학사를 사랑하는 것은 곧 우리나라를 사랑하는 것이라. …

식민지가 된 강토를 떠나 만주에 온 그들의 절의가 생생하고, 적을 이롭게 할까 봐서라도 죽지 말고 살아서 싸워야 한다는 뜻을 새기고 있다. 그런데 그 방법이 '경학사'였다. 주민들의 경제생활, 삶을 조직하지 않고는 일제와 싸울 수 없다는 냉엄한 현실 인식이다. 주민자치조직 경학사가 나라를 대신하는 것이라는 인식은 무너진 나라를 주민조직으로부터 다시 시작한다는 결의일 것이다. 취지문은 이렇게 이어진다.

경(耕)은 인명을 보호하고 살릴 뿐만 아니라 민지(民智)를 개발하기도 한다. 상공(商工)과 비록 다르지만 모두 실업계에 속한다. 체덕을 겸비하는 것은 절로 교육 부서로서의 규범이 있다.

신민회가 표방했던 실업의 육성을 도모하면서, 개인의 체력은 물론 독립을 위한 사회군사 역량의 개발을 중요한 가치로 삼고 있음을 알 수 있다.

이주민들에게 가장 우선하는 과제는 집과 식량문제를 해결하는 것이었다. 함께한 수백 명의 식솔을 돌보고 정착을 도모하는 일은 쉬운 일이 아니었다. 허허벌판에 새로이 삶의 터전을 개척하는 일이었다. 당시 삼원보에 거주했던 주민들의 기록에 "일자무식이었던 농민들이 일하고 난 저녁에 연필에 침을 묻혀가며 가나다라와 1234를 배웠고 장기도 배웠노라"라고 증언하고 있기도 하다. 농민들이 생활에 필요한 지식을 습득하고, 여가생활도 경학사를 통해서 하는 생활공동체 자치조직의 양상을 확인할 수 있다. 특히 농민들 중에는 양반 집안의 노비, 몸종도 적지 않아서, 과거 신분의 속박을 벗고 농사짓는 평민의 지위를 경학사를 통해 보장받고 생활에 필요한 지식과 문화를 배울 수 있었다.

한국에서 농사 짓다 온 사람들 중에는 한글도 모르는 이들이 많아서 자치회에서 그들에게 한글을 가르치고 정신적인 지도도 했다. 이 집 저 집에서 남녀를 모아 놓고 야학을 열었다. 여자들이 부끄럽다고 안 나오려 했기 때문에 집집마다 찾아다니며 설득하고 끌어내는 일이 가르치는 것보다 더 힘들었다. 농촌계몽운동이 만리타국에서도 활발히 전개되었던 것이다. 그때의 기쁨은 가르치는 이나 배우는 이나 똑같이 큰 감격이었다. 재미를 느끼게 되면서 야학은 더욱 활발히 퍼져 나갔다.

- 허은 구술 〈아직도 내 귀엔 서간도 바람소리가〉 80~81쪽

또한, '모두가 다 농사를 짓는다'라는 뜻의 개농주의(皆農主義)를 내세운 걸 보면 양반-평민 가리지 않고 모두 다 일하기로 결의한 것이어서 명실상부한 공화주의를 실행하는 것이었다. 양반들도 삽을 들고 지게를 지기로 결의한 셈이니 개개인에게는 천지개벽만큼 큰 삶의 '혁신'이 이어질 것이었다. 허드렛일을 해 보지 않은 양반가의 사람들이 국내에서처럼 남의 도움으로 망명 생활을 할 수는 없는 일이었다. 만주 생활의 어렵고 힘든 현실은 망명객들의 삶을 개혁하는 여정이기도 했을 것이다.

고향에서는 양반이라고 말고삐 잡고 경향 간 내왕이나 하며 글 읽던 분들이 생전 해 보지도 않고 듣거나 본 적도 없는 화전 농사를 직접 하자니 마음대로 잘될 리가 없었다. 게다가 몸은 고달프기 짝이 없었다. 그해 가을에 거둬들인 식량은 겨우 가을 한 철 먹고 나니 다 떨어졌다.

- 허은 구술 〈아직도 내 귀엔 서간도 바람소리가〉 60쪽

참으로 황량한 불모지를 개척한다는 역사를 펼치는 대사업에서 부녀자들이 겪은 피어린 고통을 어찌 말로 다 하겠는가? 자국에서는 그래도 귀하게 지내던 명문세가의 부녀자들로서 황무지를 갈아서 옥수수와 조를 수확한다는 것이 말이 그렇지 꿈엔들 상상이라도 할 수 있었겠는가? 기후는 동절에는 평균 영하 30도 내지 40

도 내외였으니 그 혹한은 상상을 초월하는 것이었다.

- 이규창 〈운명의 여진〉 31~32쪽

경학사는 첫 사장에 이철영, 부사장에 이상룡을 선출한다. 사장으로 추대된 이철영은 이석영 집안의 셋째, 이석영의 바로 아래 동생이다. 이석영은 경학사 발기인 명단에 이상룡에 이어 두 번째로 기재되어 있다. 이때 이석영은 동생들에게 피력했다고 한다.

"앞으로 나는 뒤에서 일하겠다. 앞에 나를 내세우지 않도록 하라. 무엇보다 내가 돈 가진 것을 알면 필경 여기저기서 달려들어 우리의 대사를 그르칠 수가 있다."

그 후부터 이석영이 도모하고 참여하는 일에서 재정은 이석영이 뒷받침하지만, 조직의 직위나 일은 동생들, 다른 지인이 맡게 된다. 이석영은 일체의 단체나 운영체에서 후견자 역할만 충실히 할 뿐 나서지 않았다. 돈 가진 걸 드러내지 않고 대사를 그르치지 않기 위함이었다. 그해 나이가 쉰일곱 살로 환갑에 가까웠는데, 그런 나이에 무슨 일에 앞서는 것을 민망하게 여기는 사회 풍토도 작용했을 수 있다. 만주 이주 당시 그는 이미 꽤 많은 나이였던 셈이다.

만주의 허허벌판은 이때부터 흰옷 입은 우리 민족들로 허옇게 덮여 갔다. 멀리서 서로 쳐다만 봐도 든든했다. 이렇게 되자 애국지사들이 한인자치단체를 만들어 엄중한 규율을 세우고 학교도 세웠다. 일본에 빼앗긴 나라를 도로 찾을 때까지 만주 땅에다 하나의 작은 나라를 만들어 운영한 셈이었다.

_{- 허은 구술 〈아직도 내 귀엔 서간도 바람소리가〉 75쪽}

경학사는 이듬해 이상룡을 회장으로 하는 부민단으로 재편되어 더 넓은 서간도 일대를 포괄하게 되었고, 이후 수십만 명의 이주민이 참여하는 자치조직, 그 동포들을 돌보는 행정조직, 동포들 사이의 분쟁을 해결하는 검찰과 사법조직까지 갖추어 명실상부한 자치 행정 기관으로 확장, 강화되어 갔다.

7. 신흥무관학교를 세우다

　　서간도 이주민들은 생활터전을 보강하고 황무지를 개간해서 농사를 준비하는 한편, 경학사 설립 한 달 후(1911.6.10.) 대고산 아래에 토착민의 옥수수 창고를 개조하여 신흥강습소를 세운다. 이 역시 경술국치 이전 신민회가 표방한 교육기관 운영, 국외 군사기지 설립 목표를 실현하는 것이었다. 이름 '신흥'은 신민회원들이 자주 쓰는 용어 '신민흥국'에서 온 것으로, 이는 신민회의 '신민'과 나라를 다시 일으킨다'는 뜻의 '흥국'을 조합한 것이다. '강습소'는 일제 정보밀정의 눈을 피하고 중국 당국의 허가를 받기 위한 명칭이었다.

　　둘째 영감(이석영)께서는 항상 청년들의 학교가 없어 염려하시다가 토지를 사신 후에 급한 게 학교라, 춘분 후에 학교 건설에 착수하게 선언을 하시고, 지단(토지) 여러 천 평을 내놓으시고 시량(땔감과 양곡)까지 부담하시고 아우님 오시기를 기다리셨다. 3월 초순에 우당장이 오시니, 여러 형제분은 자리를 못 잡은 모모 동지들께도 5칸 방자에 1년 지낼 땅과 1년 농사지을 시량까지도 주어 안전케 하셨다.… 세상에 우리 시숙 같으신 분은 금세에 없으신 분이지만 어느 누가 알리오. 생각 곧 하면 원통한 걸 어찌 적으리오.

　　- 이은숙 〈서간도 시종기〉 81쪽

기록을 통해 이 학교의 설립 자금 대부분을 이석영이 충당했으리라는 걸 확인할 수 있다. 초대 교장은 석주 이상룡이었고, 후일에는 이석영의 동생 이철영이 맡았다. 그런데 이은숙 여사의 저술이나 다른 여러 문헌에 교장, 이사장이라는 직책 외에 '교주 이석영'이라는 직책이 먼저 기재되기도 한다. 아마도 학교를 만든 이, 곧 학교 설립을 후원한 이에 대한 존중의 뜻으로 기재된 것이 아닐까 추정된다.

신흥무관학교(이 명칭을 대외적으로 정식 사용한 것은 1920년 이후이나, 실제는 신흥강습소를 세운 때부터 내부적으로는 이와 같은 호칭을 썼고, 설립·운영자의 뜻도 그러하였으니, 이렇게 쓴다)는 기본 학문 소양을 익히는 4년제 중학 과정과 군사학 속성반이 함께 있었다. 군사학 속성반은 3개월·6개월·1년 등 단기 코스로 수료할 수 있도록 운영했다.

중학 과정은 이미 국내에 있는 동안 신민회가 운영했던 여러 신식학교 경험이 풍부해서, 그 당시의 교과서를 활용하고 교직 경험이 있는 이를 모집해서 충당할 수 있었다. 특히 교과 내용은 반일민족주의 교육에 치중하면서 국내 사정을 중심으로 한 시사교육도 빼놓지 않았다. 그에 비해 군사학은 국내에서 운영하던 교육과정이 아니었다. 그리고 이 과정은 신흥무관학교의 존립 목적과 직결된 과목이고 교과이기도 했다. 이회영 등 신흥무관학교를 준비하던 이들은 이전 대한제국 시절 무관학교 경험이 있는 이들을 모셔와 이 교과 과정을 담당하도록 했다. 모두 구한국 무관학교의 우등생들이었다. 그리고 군사학은 군사과정에 참여하는 학생만이 아니라 중등 과정의 학생도 빠트리지 않는 과목으로 운영했다. 필수과목인 셈이었다. 군사학과 교관들은 전 학년 학생들을 새벽 구보 등으로 인솔하기도 하고, 일상적인 체력단련을 이끌고 지도했다. 군사학으로 전술전략, 위수복무(衛戍服務, 병력의 배치·주둔에 대한 교과)뿐 아니라 측량학, 추성학(追星學, 별자리를 보고 지형을 파악하는 교과), 육군 형법, 구급 의료 등 전투상황에서 적용할 수 있는 지식과 생존법 등을 가르쳤다.

학생들은 학비를 내지 않았다. 전액 무료 교육기관이었다. 모두 학교 근처에서 기숙하는 걸 원칙으로 했다. 학교를 운영하고 교사들의 생계를 보장하는 것도 마땅히 해야 할 일이었다. 이 비용은 이석영 형제들, 이상룡 등이 마련해온 자금으로 충당했다. 역시 가장 많은 자금을 이석영이 책임졌다는 증언은 많다. 초기 학생들의 기숙도 이석영, 이회영, 이시영 등의 집안에서 맡았다고 한다. 집집마다 형편만큼 학생들을 들여 공부할 수 있도록 도운 것이다. 의식주를 책임지는 건 당연했다.

학생들이 입는 군복은 흰 천을 검게 물들여 지은 옷이다. 물들인 천이 모자랄 때는 가마솥에 황철나무를 넣어 삶았다. 물감이 고르게 잘 들여지지 않아 얼룩덜룩한 군복을 입은 사람이 많았다. 지금 생각해 보면 자연적인 얼룩이 위장 군복이 된 셈이었다.

- 〈금일요녕(今日遼寧)〉 1998.4.14. 권영신 여사 증언

1911년 첫해 학년을 마치는 시험을 보았고 10여 명의 학생을 우등상으로 포상했다고 한다. 이듬해 7월부터는 졸업생도 배출했다.

신흥무관학교는 수많은 어려움을 넘어야 했다. 경학사를 어려움에 빠트린 가뭄과 흉작은 학교에도 똑같이 작용했다. 애초 신흥무관학교를 세우면서 국내에 남아 있던 신민회에서 그 재정의 일부를 책임지자는 의논이 있었다고 하나, '105인 사건' 등 국내의 독립운동 상황이 악화하면서 이를 기대할 수 없게 되었다. 당연히 현지에서 더 많은 운영자금이 필요할 수밖에 없게 되었다.

중국인들은 조선인들의 학교를 우호적으로 대하지 않았다. 처음 시작한 창고가 교육시설로서 제 기능을 하기도 여의치 않았다. 뿐만 아니라 그 지역의 중국인들이 한국 학교가 설립되고 한국인들이 대거 들어오는 것을 싫어했다. 결국 이듬해부터 새로운 학교 부지를 물색해서 학교 이전작업을 추진하게 되었다.

통화현 합니하는 삼원보에서 꽤 떨어진 지역이었는데, 이석영은 우선 8천 무(畝, 면적 단위. 6척 사방을 '보步'라 하고, 100보를 '무'라 함)의 토지를 사들였다. 학생과 교사들, 지역민들까지 교사(校舍)를 짓는

공사에 하나같이 나서서 학교를 준비했다. 이렇게 해서 각 학년별 강당, 교무실, 사무실, 식당, 숙직실 등을 갖출 수 있게 되었고, 군사훈련과 체력단련을 시행할 넓은 운동장도 갖춘 학교를 세워낼 수 있었다.

님 웨일스가 쓴 〈아리랑〉에서 신흥무관학교 출신 김산을 만나 회견한 내용을 보면, 학교는 열여덟 개의 교실이 비밀을 지키기 위하여 산허리를 따라서 줄지어 있었다고 한다. 학교에는 큰 병영사(兵營舍)가 세워졌다. 각 학년별로 널찍한 강당과 교무실이 마련되었고, 아울러 내무반 내에는 사무실, 숙직실, 편집실, 나팔반, 식당, 취사장, 비품실 등이 갖추어졌고, 복도에는 생도들의 성명이 부착된 총가(銃架)가 설치되었다. 이렇게 신흥무관학교는 1912년 합니하로 이동하여 본격적인 무관학교로서 면모를 갖추었고 본격적인 독립군 간부양성을 위한 교육에 들어갈 수 있었다.

신흥무관학교 1회 졸업생 원병상은 이석영의 재정적 공헌과 신흥학교 생도들의 노력이 어우러져 이런 학교의 건립과 운영이 가능했음을 증언하고 있다.

"1913년 봄에 학교가 이전된 뒤 황림초원에 수만 평의 연병장과 수십 간의 내무실 내부 공사는 전부 생도들 손으로 이루어졌던 것이다. 삽과 괭이로 고원지대를 평지로 만들어야 했고, 내왕 20리나

되는 좁은 산길을 오가면서 험한 산턱 돌산을 파 어깨와 등으로 날라야만 하는 중노역이었지만, 우리는 힘 드는 줄을 몰랐고, 오히려 원기 왕성하게 청년의 노래로 기백을 높이면서 진행시켰다. 이 교사 건축 공사에는 이석영 선생의 재력과 생도들의 총력적인 노력 봉사가 절대적인 힘이었다. 그뿐 아니라 그 교사 앞 45도로 기울어진 경사 언덕 아래 인접되어 있는 이석영 선생 댁에서는 고국에서 단신 탈주해오는 돈 없는 생도들에게 다년간 침식 제공도 아끼지 않았고, 학교 유지에도 정신적 물질적으로 그 뜻이 지극히 크고 높았다."

- 〈평택시사신문〉 2019. 3~4월 특집 기사 '100년의 함성과 만석꾼의 꿈을 찾다' 재인용

투지와 희망의 결집이었고, 빼앗긴 나라를 되찾겠다는 뜨거운 젊은이들의 혈기가 모인 학교였다.

한편 당시 신흥학교 학생 중에는 이석영 일가와 함께 온 가솔(家率, 집안에 딸린 이들) 노비들도 함께했다고 한다.

독립군을 양성하는 데 일체의 귀천이 없었다. 이석영, 이회영 집안 노비들을 모두 해방시켰으나 사고무친인 노비들, 해방이 되고도 갈 데가 없는 노비들은 자기들 희망에 따라 망명지까지 왔다. 그들도 일단 신흥무관학교 학생이 되었다.

신흥무관학교 교가

신흥무관학교 교가 악보(국가보훈처 책자 부분 인용)

만주 신흥무관학교 설치 지역

이런 일화가 있다. 독립군 홍흥순은 따라 온 노비 중 한 사람이었다. 이석영은 그들에게 "너희들은 이제 우리 가족에 심부름하는 사람이 아니라 독립군의 한 사람이다. 옛날처럼 우리를 모실 필요가 없다. 알았느냐?"라고 다짐하였다. 그런데 어느 날 이석영이 홍 군을 불렀다. "네이" 옛날 버릇을 고치지 못하고 앞으로 나와서 부복하는 것이었다. 이석영은 담뱃대로 무릎 꿇은 홍 군의 정강이를 툭툭 치면서 "독립군은 무릎을 꿇지 않는다. 알겠느냐?"라고 꾸짖었다.

망명한 이후 이석영 이회영의 가족들도 일체 평등했다. 서울에서는 밥도 차려주면 먹었지만 여기서는 부인들도 팔을 걷고 일했고, 독립군의 빨래도 해주었다.

- 〈금일요녕(今日遼寧)〉 1998.4.14. 권영신 여사 증언

당시 이회영의 아들 이규창이 〈운명의 여진〉에 기록한 글로 그 시절 합니하 생활 일단을 확인할 수 있다.

"내가 어렸을 적 합니하 강은 무척 크게 느껴졌습니다. 다섯 살 무렵의 생각이 뚜렷이 나는데, 나는 거기서 사촌 형들과 뛰놀며 재미있게 지냈습니다. 당시 부친은 외국에 중요한 일로 가 계셨고, 어머니께서 강냉이밥을 지어서 학생들에게 먹이는 것을 보았습니다. 만주에는 쌀이 없어서 모두가 수수, 조, 강냉이 등을 먹었습니다.

만주의 벼농사는 우리 동포들이 가면서 시작되었으니 쌀이 매우 귀했습니다. 강 언덕에 나무로 학교, 창고, 집이 지어져 있었고, 교련장도 있었습니다. 강 언덕의 훈련장에서 학생들이 훈련하는 것을 매일 보면서 살았지요."

국내에 있었더라면 '이밥에 고기반찬'이 끊이지 않았을 권문세족의 가족들이 조밥·수수밥으로 끼니를 잇고, 공부하겠다고 나라를 찾겠다고 만주를 찾아온 청년들에게 끼니를 챙겨주고, 그들의 잠자리를 돌보고, 수백 명의 조선인 이주민들을 모아 마을을 일구고 학교를 세웠다. 이웃 마을을 그렇게 살폈고, 역시 조선인의 학교를 지원했다. 대갓집 마나님이었을 박 씨 부인은 조밥으로 식구들 끼니를 챙기는 것은 물론, 기숙하는 학생들의 끼니까지 챙겨야 했다. 실제로 부인은 이때부터 별세에 이르기까지 20년이 넘는 세월 동안 주위 사람들, 특히 독립운동에 나선 이들 밥을 지어주는 것으로 여생을 보냈다. 그래서 그의 죽음이 알려진 후 이석영과 그 아내의 삶을 아는 이들은 '박 씨 부인에게 밥 한 끼 얻어먹지 않은 운동가가 어디에 있는가' 하고 그를 기렸고, 말년을 돌보지 못한 자신들을 책망했다고 한다.

이런 신흥무관학교에 대한 재정적 지지·지원은 국내에 있던 동안 이석영이 관심을 보였던 후학 양성, 교육·육영 사업에 대한 평소 관심의 연장이기도 했다. 실제로 만주 생활 당시 그의 민족학교 지원은 훨씬 광범위했다고 가족들은 증언하고 있다.

> "둘째 큰할아버지의 육영사업은 만주에서 매우 넓었다고 해요. 당시 서간도 인근 현에 있던 중앙학교도 저희 집안 어르신들이 세우다시피 했다고 하고, 이석영 어르신이 학교 운영비를 책임졌다고 알고 있어요. 그런 학교가 여럿이었는데, 그 중 지금 매하구시(梅河口市, 옛 지명 유하현) 조선인 학교는 신흥무관학교 졸업생들이 교사로 운영하던 학교였는데, 일제의 만행으로 그 학교 교사 7명이 한꺼번에 죽는 참변으로 학교 문을 닫게 되었다더군요. 당시 만주의 조선인 학교는 일제 밀정들의 일상적인 감시를 받으며 운영되었고, 험악한 침탈을 각오하고 하는 진짜 독립운동이었어요."
> - 이종찬 우당교육문화재단 이사장 구술

당시 신흥무관학교 졸업생들은 규정 교육시간을 마치면, 무장 독립운동 기지에 들어가 독립군이 되거나, 만주지역의 여러 조선인 학교의 교사로 들어가거나, 각 지역 조선인 자치조직과 연계해서 학교를 개설하는 게 가장 흔한 진로였다. 물론 신흥무관학교나 분교의 교사도 그에 속한다. 이런 졸업생들의 교육 사업은 신흥무관학교의 뜻이 커지는 것이면서, 학교를 일군 선각들의 뜻이 넓혀지는 것이었다.

그렇게 신설되는 인근 학교에 대한 이석영의 후원도 거듭되었다. 당시 이석영의 좌우명이 '백성이 깨어나야 나라를 찾는다'는 것이었다고 한다. 이석영은 인근 지역 한인들의 자제를 위해 동명(東明)학교. 동광(東光)학교, 흥동(興東)학교, 배달(倍達)학교, 여명(黎明)학교 등을 세웠다(〈이회영종합재료〉 1999.9.1. 요녕성신보만족자치현공보실(遼寧省新賓滿族自治縣縣志辦公室) 제공].

역시 중국 쪽 자료를 확인하면, 이석영, 이회영은 해룡현에 6개의 조선인 학교를 꾸리고, 다른 사람에게 위탁하여 2개의 조선인 학교를 더 꾸렸다(〈매하구시조선족교육약사〉 기사, 길림신문 2013.11.13.). 그리고 환인현 보락보진(普樂堡鎭)에 동창학교 분교인 노학당을 세웠고, 초대 교장으로 막내아우인 이호영을 임명했다(〈항일투사 이회영〉 중화국제출판사 2011.6. 210-211쪽).

신흥무관학교 출신들, '신흥학우단' '백서농장'

　일제하 우리나라 독립운동사에서 신흥무관학교의 영향이 얼마만큼인가는 아직도 충분히 연구되지 않았다. 더 살피고 연구할 일이다. 먼저 관심을 갖는 여러 학자들은 국권을 빼앗긴 이후 3·1 만세운동으로 일어서기까지 10년의 세월 동안 우리 독립운동사에서 가장 크고 우뚝한 성과로 신흥무관학교를 꼽을 만하다고 평가하기도 한다. 빼앗긴 나라를 대신할 자치조직을 나라 밖에 만들고, 나라를 되찾을 청년들을 모아 가르치고 힘을 길렀다. 당시의 상황에서 새세대 교육은 그 무엇보다 중요한 가치가 있었을 것이다. 민족과 나라의 미래를 위한 투자였다.

　신흥무관학교는 졸업하는 학생들에게 만주지역의 무장부대에 들어가 전투원이 되거나, 만주의 여러 지역에 설립되는 학교들에서 2년 이상 교사로 복무하도록 지도했다. 이들 신흥무관학교 출신들은 해방에 이르기까지 곳곳에서 독립운동의 발자취를 이어나갔다.

　1913년 3월 즈음 신흥무관학교의 졸업생들이 스스로 졸업생 모임을 만들었다. '신흥학우단'이다. 내세운 조직의 목적은 "혁명

대열에 참여하여 대의를 생명으로 삼아 조국 광복을 위해 모교의 정신을 그대로 살려 최후의 일각까지 투쟁한다"였다. 학우단 본부를 삼원보 대화사란 곳에 별도로 설치하고 다섯 가지 사업을 추진하기로 결의하였고, 이후 학우단 가입자들은 이에 동의하며 참여하도록 했다.

1. 군사 학술을 연구하여 실력을 배양한다.
2. 각종 간행물을 통하여 혁명 이념의 선전과 독립 사상을 고취한다.
3. 민중의 자치체를 조직하여 적구(敵狗, '적의 앞잡이'를 이르는 말) 침입을 방지한다.
4. 노동강습소를 개설하여 농촌 청년들에게 초보적 군사훈련과 계몽교육을 실시한다.
5. 농촌에 소학교를 설치하여 아동교육을 담당한다.

신흥학우단은 그 자체로 독립운동 조직이었다. 학교를 졸업하면서 재학 중 배운 대로 독립운동을 책임지는 일원으로 살아가고자 조직을 만든 것이다. 조직이 정비되면서 재학생은 준단원으로 등록되었다. 학우단에 가입하게 되는 졸업생은 '신흥학우단의 신조-선열의 시범'이라는 다섯 가지 약속을 외치며 입단을 인정받았다고 한다.

1. 나는 국토를 찾고자 이 몸을 바쳤노라.
2. 나는 겨레를 살리려 생명을 바쳤노라.
3. 나는 조국을 광복하고자 세사를 잊었노라.
4. 나는 뒤의 일을 겨레에 맡기노라.
5. 너는 나를 따라 국가와 겨레를 지키라.

신흥무관학교가 모으고 키운 의로운 뜻은 이렇듯 끊이지 않고 이어졌다. 회지 〈신흥학우보〉를 만들어 배포하고, 독립운동의 방도를 두고 권고와 토론을 지속하였다. 학교에서 하던 체력단련과 군사훈련 역시 끊이지 않았다.

신흥학우단은 1917년 서간도 신흥무관학교 인근 지역에 '백서농장'이라는 분교를 만들어 운영하는데, 조직 보위를 위해 이름을 농장이라 지은 것이고, 사실상 비정규전을 위한 무장군사조직이었다. 장주는 일송 김동삼이었다.

신흥학우단은, 처음 조직하던 때에는 '고구려의 옛 터전을 회복한다'는 뜻을 담은 만주지역의 말 '다물단'으로 정하였다가, 후일 신흥학우단으로 이름을 바꾸었다. 그러다가 1920년대에 이석영의 큰아들 이규준, 이회영의 큰아들 이규학 등이 중심이 되어 다시 다물단으로 부활하기도 한다.

신흥무관학교 백서농장

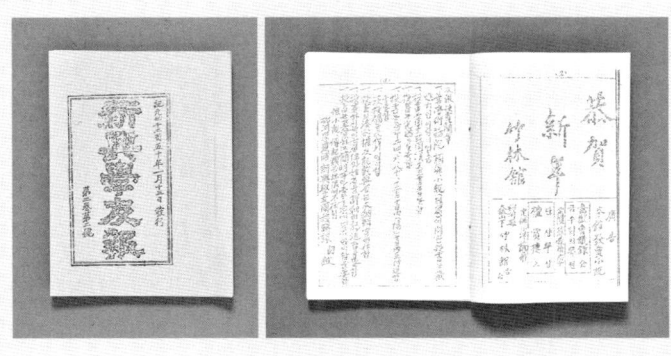

신흥학우보

신흥무관학교 졸업생들이 만든 비정규전 조직의 하나로 의열단이 있다. 1919년 국내 3·1 운동의 감동과 평화운동의 한계를 새기던 신흥무관학교 출신 일군의 독립운동가들이 직접행동·무장투쟁을 다짐하는 비밀 조직을 결성하였고, 요인 암살·기관 폭파 등의 직접행동을 지속하면서 독립이 되는 날까지 그 조직의 명맥을 이어나갔다.

신흥무관학교에서 배출된 독립운동 투사들은 무려 3500명이나 되었다. 대표적인 인물로는 의열단을 조직한 김원봉(金元鳳), 중국 공산당 연안에서의 항일저서 〈아리랑〉의 주인공으로 유명한 김산[金山, 본명은 장지락(張志樂)], 광복군 제3지대장 김학규(金學奎) 등이 많이 알려진 인물이어서 우선 꼽힌다. 지금도 길림성 각지에 흩어져 있는 유적에 신흥무관학교 출신들의 전적비, 또는 학살당한 사실 기록이 수없이 많다. 그들은 각계에서 끝까지 분투 노력하며 해방의 그날까지 학교를 세운 바 뜻을 따라 그 역할을 다했다.

1920년 8월 이 학교는 폐교되었으나, 그 후에도 신흥무관학교를 이끌었던 교사들이나 졸업생들의 조직인 신흥학우단은 산발적으로 군사교육기관을 소규모로 더 넓게 세워갔다. 그리고 여기서 배출된 독립군들은 후에 봉오동전투(1920년), 청산리전투(1921년)에서 혁혁한 공적을 세웠으며, 대한독립군단[총재 서일(徐一), 부총재 홍범도(洪範圖), 김좌진(金佐鎭), 조성환(曺成煥), 총사령 김규식(金奎植, 임정 부주석과는 별도의 인물), 여단장 이청천, 병력 3천여 명 규모의 무장군대]의 주축이 되었다(윤병상 〈독립군사 : 봉오동, 청산리의 독립전쟁〉, 박영석 〈재만한인독립운동사연구〉). 실로 신흥무관학교의 영향이 그리도 막강했음을 확인해주는 여러 사례들이다.

한편 일본군의 압력을 받아 소만(蘇滿) 국경지대로 이동하던 중 일본과 소련의 밀약에 의하여 1921년 6월 이만시에서 소련군에게 강제로 무장해제되고 이에 항거하는 약 270명의 독립군이 피살되고 9백여 명이 포로가 된 쓰라린 참사도 겪었다. 이 참사를 독립운동사에서는 흑하사변(黑河事變) 또는 자유시 참변(自由市 慘變)으로 기록하고 있는데, 이때 희생된 독립군의 대부분이 신흥무관학교 출신이었다.

8. "이제 내 회갑 차려라!"

그 시기 이석영은 둘째 아들을 얻는다. 함께 만주로 온 자녀가 첫아들 규준 하나뿐이었는데 1912년 정월 만주에서 둘째 규서가 태어난 것이다. 자손 귀한 집안에 양자 입계까지 했던 처지에서 보면 경사였을 것이다. 여러 기록과 증언들을 살피면 만주에서 독립운동을 후원하는 활동을 하는 동안 이석영은 자식들을 별도로 대우하지 않았다. 첫아들 규준은 신흥무관학교를 다니도록 했고, 규서는 만주벌판에서 사촌들과 함께 키웠다. 경학사, 신흥무관학교를 세운 선각자다운 교육이었다.

이 시기에 이석영은 몇 가지 일화를 남긴다. 하나는 마적 떼가 마을을 덮쳐 이석영이 그의 집에서 돌보던 신흥무관학교 학생 두 명과 함께 그들에게 끌려간 일이다. 만주 정착 후 두 해째인 1913년 가을의 일이다. 당시 제수 이은숙 여사는 그 마적들이 쏜 총에 맞아 사경을 헤매다가 인근 읍내인 통화에 있던 병원에서 40여 일간 치료를 받았다. 마적들은 이석영과 그의 집에 기숙하는 학생들을 끌고 갔다. 중국 관헌은 조선의 독립을 위해 중국과 협력하는 어르신을 끌어갔다며 마적 떼의 행보를 쫓았고, 이런 사실을 듣게 된 마적들은 '만주 왕'을 몰라보았노라고 사죄하면서 돌려보내주었다고 한다. 이석영은 끌려간 지 닷새 만에 함께 끌려간 학생들과 집으로 돌아올 수 있었다.

> 다행스럽게도 전문을 띄운 지 닷새 만에 마적들이 둘째 숙부님(이석영을 말함)이 한국의 귀족으로 왜놈이 고려를 강점한 후 항일 독립운동을 하여 국난을 회복하려고 이국땅 만주에 와 독립운동의 기지로 삼고 군인을 양성하여 왜놈들을 구축하려 한다는 말을 듣고 숙부께 백배 사죄하고 우리 집으로 잘 모셔온 것이다.
> – 이규창 〈운명의 여진〉 35쪽

또 다른 하나는 비슷한 시기 삼원보 마을을 찾아온 만해 한용운을 도운 일이다. 한용운은 서간도 지방에서 일고 있는 항일 독립운동의 새 기운을 살피고자 삼원보를 찾았다. 그리고 국내에서 알고 지내던 이회영 등과 인사하고 만주 사정을 소상히 듣고 살폈다. 그런데 정작 이런 정황을 모르는 신흥무관학교 학생들은 한용운을 일제의 밀정으로 오해했고, 마을을 떠나는 한용운을 쫓아 총상을 입히는 사고를 쳤다. 이런 사실은 이석영 등에게 알려졌고, 치료비로 급전을 내놓아 급히 병원으로 옮겨 생명을 건질 수 있었다. 이석영은 따로 돈 30원을 한용운에게 주어 귀국할 수 있는 여로를 보장했다고 한다. 이런 일화들에서 서간도 합니하 지역의 생활 형편, 이 마을에서 기둥 역할을 하는 이석영의 모습을 유추할 수 있다.

1912년 이석영은 학생과 교사들에게 돼지를 잡아 제공한 일이 있었다. 겨울 조밥도 충분히 챙겨 먹지 못하는 이들에게 기운을 북돋기 위한 특식이었다. 그런데 너무 기름진 음식을 갑자기 먹어 적지 않은 학생들이 배탈로 고생했다는 기록도 있다. 미담인데, 그 안타까운 결말은 신흥무관학교에 관한 여러 회고에서 자주 찾아볼 수 있다.

뜻은 원대하고, 의욕은 넘쳐났으나 나라의 운명은 낭떠러지에서 오를 줄을 모르고, 신흥무관학교 그리고 항일 독립운동을 둘러싼 환경은 참혹하기만 했다. 먹을 것이 없었고, 이국땅에서 주위의 질시는 거듭되었다. 그래도 의지로 난관을 버텨내던 시절이 아니었을까. 그나마 이석영 등이 마련해온 자금이 초근목피의 시절을 견디고 뜻을 펼치기 위한 버팀목이었다. 아래 증언도 그의 역할을 능히 짐작할 수 있게 한다.

> 그는 만주에서 살게 된 뒤에도 많은 지사들의 여비를 지급하였고 이동녕에게는 집과 땅을 사서 기부함으로써 만주생활을 전담하였다. 그리고 신흥학교 창립 시에도 우당 선생의 바라는 바에 따라 학교의 건축과 설립유지 등 제 비용을 희사하였다. 그가 만일 학교 설립의 자금을 내놓지 않았다면 우당 선생의 오랜 소원이던 군관학교도 설립하기 어려웠을 것이다.
>
> - 이정규·이관직 〈우당 이회영 약전〉 120~122쪽

아래, 이은숙 여사가 전하는 이석영의 환갑잔치가 있게 된 경위는 형제 간 우의와 이석영의 넉넉한 품을 느끼게 한다.

> 영석장 회갑이 을묘년(1915년) 12월 초사흘인데 당신 아우님 피착(이회영 선생이 경성에서 일경에 체포되었던 일을 말함) 시에는 생신 말 내지도 못하게 하시더니 아우님 무사히 나온 후에는 "이제 내 회갑 차려라. 우당도 올 것이니 차려 먹자"고 하시던 말씀 지금도 삼삼히 들리는 듯하다. 영감께서 생신이 임박할 무렵 해서 매일 아우님 기다리시던 정을 어찌 다 받드리오.
> - 이은숙 〈서간도 시종기〉 107쪽

이회영은 1913년 어느 때에 일경이 자신을 쫓고 있다는 첩보를 받고 더 먼 곳으로 도피하는 방안을 검토하다가, 체포 기도를 무력화하고 독립운동 자금을 모금하기 위해 경성으로 들어간다. 대담한 행보였다. 쫓는 자의 턱밑에 들어가 '어쩌자는 것이냐. 무슨 잘못이 있다고 나를 쫓느냐'고 묻겠다는 것이었다. 실제로 이회영은 일경에 두 번 체포되었다가 오래지 않아 풀려나오곤 했다. "학교를 세워 육영사업을 하고 있을 뿐"이라고 답했다는 것이다.

위 이은숙 여사의 증언은 1915년 이석영의 환갑 즈음 이회영이 두 번째로 체포되었다는 소식이 전해져 온 집안이 심란해했다는 애기이고, 환갑잔치에 대한 의논도 있을 수 없는 무거운 분위기였음을 전하고 있다. 다른 기록으로, 당시 이회영 체포 소식은 현지에서 매우 중대한 상황으로 받아들여졌고, 신흥무관학교는 그 추이를 살핀다고 3일 동안 휴교했다고 한다. 그러다가, 별일 없이 무사히 풀려났다는 전갈을 받게 되었다. 당연히 한숨 놓았다며 즐거워했을 터다. 위 기록대로, 이때 이석영의 반응이 유쾌하다. "이제 차려 먹자!"

당시 경성에 들어가 있던 이회영은 부지기수로 들어가는 독립운동 자금 모금에 주력하는 한편 고종을 중국으로 망명시키는 대담한 기획을 추진하기도 한다. 전후 사정을 살피면 이회영이 대단한 기획자였다는 걸 알 수 있는 대목이기도 하다. 이 일에 서간도에 있던 동생 이시영이 중국 현지에서 고종이 머물 집을 물색하고 다닌 것으로 보아, 이석영도 그 기획을 알고 있거나 뜻을 함께했을 가능성이 있다. 그러나 이 일은 고종의 죽음으로 무망한 일이 되었다.

이석영의 재산은 화수분이 아니었다. 학생들의 노력 동원이 있었다고는 하나, 학교 운영은 끝없이 재정이 소요되는 일이었다. 학교가 틀을 잡고 학생 수가 많아질수록, 지원하는 학교가 늘어갈수록, 들어가는 비용은 클 수밖에 없었다. 여러 기록을 살피면 아마도 1910년대가 끝나기 전 즈음 이석영의 재산은 거의 고갈되었을 것으로 추정할 수 있다. 10년 독립운동에 손꼽히던 재산가의 주머니가

텅텅 비게 된 것이다.

  신흥무관학교 운영 7~8년 차에 이르는 1918~19년 서간도 지역 일제 비밀경찰의 첩보 보고에 의하면, 이석영을 중심으로 학교 지원사업이 지속되고 있으나 "이석영은 60세가 넘는 고령에다 천식 등의 질환을 앓고 있고, 한양에서 가지고 나온 돈도 바닥이 나서 궁핍한 상태이고, 배일사업, 육영사업을 계속할 수 있을지 의심된다"라고 평가하고 있기도 하다. 10여 년의 신흥무관학교 운영과 인근 조선인 학교 지원사업으로 이석영의 재산은 바닥이 드러나고 있었고, 이시영, 이회영은 북경으로, 한양으로 독립운동에 소요되는 돈을 구하러 동분서주하고 있었다. 그 즈음 일제 경찰의 현지 첩보 보고문은 당시 이석영의 처지 일단을 확인시켜 준다.

> 일제 경찰 보고 : 이시영 일족의 동정에 관한 건(첩보)
> 통화현 동관에 거주하는 이경식이 다이쇼 7년(서기 1918년) 12월 23일에 합니하에 있는 신흥학교 제5회 졸업식에 참석한 기회에 이시영의 형 이석영 등을 방문해서 보고 들은 사항이라고 하면서 첩자에게 말한 바는 다음과 같다.
> 이시영이 현재 북경 방면에 거주하는 것은 사실인데, 그곳이 어디인지는 분명치 않다. 합니하에 있는 본가에는 이시영의 둘째 형인 이석영을 중심으로 이시영의 맏형, 셋째 형, 막냇동생(신흥학교 회계)이 함께 거주하고 있으며, 기름집 및 곡물 매매 상점을 경영하

고 있다.

그러나 이석영은 60여 세의 고령에 더하여 류마티스에 천식을 함께 앓고 있기 때문에 오래 산간의 벽지에 있는 것을 바라지 않고, 내년 봄에 봉천 또는 봉황성 방면 또는 산해관 이남의 적당한 장소를 골라 이전할 심산이라 한다. 자산으로서는 현 신흥학교 부지 1,000원 외에 토지 2,800원과 상업자산 등을 합하면 족히 1만 원을 넘는 정도다.…

이가(李家) 일족의 이주 당시에는 만주에 있는 조선인의 우두머리가 되는 것을 꿈꿔 교육사업, 혹은 배일사업, 혹은 뜻 있는 사람을 돕는 일 등에 적지 않은 금전을 투자하여 왔으나, 뜻과 달리 이제 궁핍한 형편이 되었다. 이에 최근에 이르러 완전히 사업에 냉담하게 되어 다만 실업 방면의 관리에 노력하려 하는 데 이르렀다고 한다.

- [국사편찬위 한국사데이터베이스 일본 외무성 문서 자료 〈압록강방면 불온단체 관계자 보고〉 (1919.2.1.)]

고종 망명 추진

1913년 이회영은 서간도에서 국내로 들어왔다. 일제의 밀정들이 자신을 쫓는다는 정보를 확인한 이회영은 서간도에서 밀정을 피해 잠행하기보다 차라리 국내로 들어가 적절한 활동을 하겠다고 마음 먹고 이를 이동녕 등 동지들에게 알린 뒤 결행한 것이다. 귀국 후 그는 두 차례 종로경찰서에 체포되어 수감생활을 하기도 했으나 몇 개월을 넘지 않았다. 그를 엮어 넣을 결정적인 혐의가 없기 때문이었다.

국내에 머물던 이회영이 독립운동 자금 모금에 공을 들였으리라는 건 충분히 추정할 수 있다.

그런 한편, 그가 집중한 것 중 하나는 당시 허울뿐인 왕위마저 순종에게 물려주고 물러서 있는 고종을 상해 등 중국으로 망명시키는 것이었다. 이회영은 이를 이시영 등 삼원보의 일부 인사와 협의했고, 고종 주위에 있으며 뜻을 같이하는 소수의 사람들과 긴밀히 추진한다. 고종을 해외로 망명시키면 국제 사회에 일제의 대한제국 강점의 부당함을 주장할 수 있는 결정적인 논거가 된다고 판단했다.

그의 셋째 아들 규학은 고종의 조카딸 조계진과 혼인한 사이였다. 이 혼인의 신부례를 핑계 삼아 고종 측근들을 통해 고종과 수시로 소통할 수 있었던 그는 고종의 망명 의사를 타진했다. 고종은 흔쾌히 응했다.

1918년 말, 보다 구체적인 계획이 세워졌고, 북경에 고종이 거처할 숙소, 곧 행궁을 알아보기도 했다.

부친께서는 민영달 씨와 비밀리에 만나 구체적인 방법을 강구하였다. 먼저 수(水, 바다를 통한 망명을 말함) 육(陸, 육로를 통한 망명을 말함) 두 가지의 출국 행로를 비교하여 배를 타시기로 하였고, 다음 행선지에 대해서는 우선은 중국으로 하고 상해와 북경을 비교하여 북경에 행궁을 정하기로 하였다. 민영달 씨는 자금으로 5만 원을 내놓고 부친은 준비 작업을 맡기로 하였다. 1918년 말 무렵 부친께서는 민영달 씨가 내놓은 자금을 이득년, 홍증식 두 동지에게 주어 북경에 머물고 있던 다섯째 숙부인 성재 이시영에게 전달하게 하고 고종황제께서 거처하실 행궁을 임차하고 수리하도록 부탁하였다.

상해 임시정부 조직자금도 5만 원 중 일부였다.
- 이규창 〈운명의 여진〉 52~53쪽

그러나 이 대단한 거사는 1919년 1월 19일 고종의 급서로 무산되고 말았다. 일각에서는 고종의 망명 계획을 눈치 챈 이완용, 윤치호 등이 고종의 독살을 사주했을 것으로 추정한다. 1919년 당시 민초들 사이에 이런 소문이 넓게 퍼져있기도 했고, 이는 3·1운동이 거족적 만세운동으로 발화하는 불쏘시개이기도 했다. 계획은 무산되었으나, 이회영의 기획이 원대하고 국제적이었음을 확인할 수 있는 행적임에 틀림이 없다.

고종의 급서 후 이회영은 고종 망명을 추진하던 조정구, 조남익 등과 함께 급히 중국으로 갔다.

만주 지역 여러 민족학교들의 역할

군사훈련을 주축으로 하는 신흥무관학교의 운영과 다르지만, 당시 만주 지역 여러 곳에 설치된 조선인들의 수다한 학교 역시 주목해야 한다. 식민지 침탈에 맞선 집단 망명과 생계를 위해 만주, 연해주 지역에 정착한 조선인들을 돕고 그 자녀들을 가르치는 학교가 여럿 만들어졌다. 민족의 미래를 열어갈 일꾼들이 만주의 고을고을에서 배출되고 있었던 것이다. 그들은 1920년대 독립운동의 근간을 형성하게 된다.

1920년 전후 당시 기준으로 간도 지역에서 조선인의 비율은 전체 인구 중 약 76%를 넘었다고 한다. 사실상 조선인 자치주에 가까운 형국이었다. 이곳의 조선인들이 가장 열성적으로 해낸 일이 교육이었다. 학교를 세우고 자녀들을 가르쳤다. 남의 땅에서도 뜻을 잃지 않았고, 지역민들은 세금을 내듯이 학교의 운영비를 나누어 분담했다고 한다.

소학교는 거리 곳곳에 많이 세우고 중학교는 드문드문 세웠다. 집이 멀거나 다른 지방에서 온 학생들은 애국지사들이 각각 나누어 맡아 하숙을 시켰다. 우리나라 사람 자식 가르치는 일에 대한 열성은 그때도 여전해서 여기저기에 크고 작은 교육기관들이 많이 생겨났다. 어쨌든 많이 배워야 사람 된다고 했다.

- 허은 구술 〈아직도 내 귀엔 서간도 바람소리가〉 75~76쪽

중국 연변 지역의 기록에 따르면 당시 만주지방 조선족의 사립학교는 236개 교에 달했고, 학생 수는 6만 3천여 명이었다고 한다.

1910년대에 설립된 많은 학교들은 모두 근대적 교육을 실시하면서 근대과학문명의 전수와 반일교육을 긴밀하게 결합시켰다. 1917년 유하현 대고산자 죽림관에서 인쇄 발행한 소학교준칙(小學校準則) 제3장 〈교수과목 및 편제〉 제8조에는 소학교 고급학급에는 성경, 지리, 이과, 미술, 수신, 국어, 산술, 한문, 조선역사, 습자, 창가, 체조 등 12개 과정을 설치하고 여학생들에게는 재봉과를 더 가르친다고 규정하였다. 특히 역사, 지리, 국어, 창가, 체조 등의 과목은 반일·민족독립이라는 주제와 긴밀히 결합시키면서 학생들을 근대문명으로 각성시키었고 정치적으로 계몽시켰다. 교과목 설치뿐만 아니라 학교의 명칭까지에도 민족독립이라는 이 주제를 체현시켰다. 명동, 광성, 창동, 광동, 명신, 정동, 양성, 신흥, 진

동, 동여 등 교명들이 당시 많이 속출한 이것이 바로 그 일례라 하겠다.

- 최홍빈 〈20세기 초 중국 동북지방에서의 반일 민족독립운동〉

이런 학교들 중에는 용정의 영신여자학교, 명신여학교, 국자가의 길신여학교, 화룡현의 신명한성여학교 등 여자 학교도 여러 곳 있었다. 젊은이들을 교육하고, 여성에게도 근대교육의 기회를 보장하며, 민족의식을 일깨우고, 더 나아가 독립운동의 동량들을 길러낸 이주민들의 분투는 당대 선조들의 숭고한 의지를 되새기게 한다.

이런 상황을 모르지 않은 일제도 "간도의 교육이라는 것은 민족주의 정치운동과 혼합되어 있고, 학교는 그 책원지다.… 간도 각지에 분산되어 많은 소학교들을 설립하여 초등교육의 보급에 노력함과 함께 배일사상을 고취하였기에 배일적 학교가 몹시 성행하고 있다"라고 기록하고 있다.

신흥무관학교 뒷이야기

1920년 폐교한 신흥무관학교는 졸업생들의 혁혁한 독립운동에도 불구하고 일제하에 학교는 재건되지 않았다. 만주의 상황이 1920년 이전과 달리 일제의 무력지배에 놓이게 된 것이 가장 큰 이유다.

1945년 여섯 형제 중 유일하게 살아 돌아온 다섯째 이시영은 귀국 후 자신이 앞장서서 '신흥무관학교 재건위원회'를 조직하고 신흥무관학교 복원에 힘쓴다. 이러한 노력으로 1947년 7월 19일 종로구 수송동에 위치한 각황사 터에서 신흥무관학교를 계승한 신흥전문학원이 문을 열었다. 신흥전문학원은 1949년 신흥대학으로 인가받고 그해 여름 첫 졸업생을 배출하였다.

이후 신흥대학은 한국전쟁 전란 중 경영난으로 어려울 때 서울대학교 법과대학 최태영 교수가 고향사람이라며 서울고 체육교사 조영식을 데리고 왔다. 그는 처음에 열심히 교무행정을 보다가 당시 학장인 이시영의 장남 이규봉에게, 자신에게 부학장 자리를 주면 학교운영자금을 끌어대겠다고 요청하였다. 물정에 어두운 이규봉은 이를 허락하였다. 조영식은 부학장으로 있으면서 이사들을 회유하여 결정적인 순간에 학교를 차지했다.

더욱이 그때 이시영은 이승만 독재 정권과 대립하던 시기였다. 자유당의 중진들 가운데 조영식과 동향인 사람들이 적극적으로 조영식의 편을 들었다. 대표적인 인물이 이윤영(李允榮)이었다. 이윤영은 어떨결에 학장이 되어 선배인 이시영을 인사차 찾아왔다. "선생님께서 조영식에게 말해서 저에게 이번에 신흥대학을 운영하라는 분부가 있었다기에 이렇게 인사차 왔습니다." 이시영은 그제서야 학교가 부정으로 조영식에게 넘어가게 된 사정을 알

해방 후 신흥무관학교 학우들이 신흥전문학원을 설립한 후 자축하는 모습

게 되었다.

이시영은 쓴 입을 다시면서 한마디 했다. "학교를 맡게 되었다고? 금시초문을 들었는데, 우선 내가 묻겠소. 당신이 '신흥'이 왜 신흥인지 알기나 하오?" 이윤영이 답을 못하고 쩔쩔매다가 돌아갔다. 학교만 빼앗긴 것이 아니라 신흥이라는 이름과 창학 정신이 날아간 것이다.

그 후 조영식은 당시 서울고가 위치해 있던 경희궁에서 이름을 착안, 경희대학교로 교명을 바꾸고 교사를 현재의 경희대학교 자리로 옮겼다. 그로부터 학교 역사에서 신흥무관학교의 정신이나 기록은 온데간데없이 사라졌다(이상은 이계영 〈해방 이후 신흥무관학교 부흥운동과 이시영〉 연구를 참조함).

한편 신흥무관학교의 역사상 위상을 높이 선양하자는 뜻으로 일군의 학자들은 우리 군 사관학교의 뿌리를 신흥무관학교에 두어야 한다며 개교 연원 등을 복원하자고 주장한다. 신흥무관학교가 1920년대 이후 해방에 이르기까지 단절된 것이 명백하나, 근대 이래 최초의 사관학교라는 점은 신흥무관학교를 연구해온 대다수의 학자들이 널리 동의하고 있기도 하다.

우리 육군사관학교에서는 2018년 3월 신흥무관학교를 육사의 연원으로 평가하고 설립자를 대표하여 우당 이회영에게 육군사관학교 명예 졸업장을 수여했다.

9. 가난과 싸우며

1910년 경술국치 이후 10년 국내외 조선인의 고난과 분투는 마침내 1919년 3월 만세운동, 거족적인 평화시위로 분출한다. 국내 방방곡곡을 휩쓴 만세시위는 온 민족의 독립에 대한 열망을 아낌없이 보여주었다. 만주도 다르지 않았다. 골골 읍내마다 이주 조선인들이 모일 수 있는 곳에서는 빠지지 않고 만세시위가 있었고, 삼원보에서도 3월 14일 만주지역에서 가장 먼저 대규모 만세시위가 있었다. 신흥무관학교 학생, 교사, 거주민들이 모두 함께한 시위였다. 이석영 등이 참여했을 건 당연하다.

그 때부터 분위기가 바뀌기 시작했다. 전국의 각지에서 청년들이 갑자기 대규모로 몰려들기 시작한 것이다. 3·1 만세운동에서 자신감을 얻거나 무장투쟁의 필요성을 자각한 청년들이 급격히 늘어났기 때문이다.

이렇게 몰려오는 학생들을 수용하기 위해 신흥무관학교는 유하현 고산자의 하동대두자로 급히 옮겨 본교를 세우고 합니하는 분교로 운영하게 되었다. 하동대두자는 고산자에서 2km 정도 동남쪽으로, 사방이 산으로 둘러싸인 산간벽지였다. 역시 조선인 이주민들의 마을이었는데, 4면이 산으로 둘러싸인 요충지였다. 학교도 확대해서 교사를 40여 칸으로 넓혔고, 넓은 연병장도 갖추었다고 한다. 확대해서 이전하면서 학교의 명칭도 '신흥무관학교'로 바꾸었다. 신흥강습소를 만들 때부터 정해둔, 실제로 그렇게 운영된 이름이었다. 신흥무관학교의 교장은 이석영 형제의 다섯째 이시영이 맡았다. 1919년 6월에는 이렇게 확충한 학교에서 정식 개교식을 거행했다. 명실상부한 사관학교 개교식이었다. 이때 이 학교에 참여한 사람들 면면은 그대로 만주 일대 1920년대 항일 무장 독립운동사의 용사들을 포괄했다. 이청천, 김경천, 이범석, 성준용, 원병상, 박장섭, 김성로, 계용보 등의 독립운동가들이 교사로, 세브란스의과전문학교 출신 의사 안사영이 군의과장으로 참여했다. 교사 이청천은 일본 육사 출신이었는데, 그와 같이 가장 최신의 군사교육을 받은 이들이 참여하면서 신흥무관학교의 군사교육이 일신할 수 있었다고 한다.

3·1 운동 이후의 변화는 학생의 증가, 학교 증축 개교 등 긍정적인 변화에 그치지 않았다. 심각한 우환과 재난이 함께 왔다. 우선 만주 일대에 대한 일제의 침탈이 노골화되었다. 이전까지 헌병대와 연계된 밀정들이 암살, 정보탐지 활동을 하는 정도에 그치던 만주 지역에 일본 정규군대가 진주하고 그 영향력 확대를 위해 조선인들이 거주하는 각 고을로 밀고 들어왔다. 신흥무관학교와 유사한 민족학교 출신들이 주축인 만주유격대가 압록강, 두만강을 넘어 국내

진공 작전을 수시로 벌이고, 3·1 운동 이후 이런 활동이 더욱 활발해지자 일제는 무력 진압을 도모하기 시작한다.

이에 맞서며 1920년 6월 봉오동전투가 일어났다. 북간도 지방에서 독립군 부대가 일제 정규군을 상대로 빛나는 승전을 기록한 것이다.

이에 일제는 간도 침략을 더욱 강화하고 훈춘사건을 조작하고, 이어 경신참변을 일으켰다. 만주 일대가 쑥대밭이 되었다. 이에 맞선 청산리대첩은 국권을 강탈당한 후 1910년대 10년 동안 쌓은 만주의 무장독립군 역량이 얼마나 막강한지를 아낌없이 보여주었다. 일

청산리대첩 승전 후 용사들 기록 사진

제의 탄압은 더욱 가혹해졌다.

3·1 만세운동 이후 일본은 우리나라 사람들을 마구잡이로 잡아다 학살했다. 그 여파가 우리 집안에도 미쳤다. 도저히 앉아서 당할 수만 없어 또 어디론가 피해 가야 했다.

- 허은 구술 〈아직도 내 귀엔 서간도 바람소리가〉 92쪽

1920년 청산리 대전이 나던 해에 석영 숙부님과 호영 숙부 전 가족이 봉천으로 와서 있게 되었는데 신의 도움이랄까 청산리 대첩전에서 왜놈이 대패한 후 그 보복으로 우리 교포를 대학살하였는데, 만약 숙부님이 봉천으로 이주를 안 하셨더라면 가족이 몰살을 면치 못하였을 것이다. 하느님이 도우시어 전 가족이 무사함을… 천행으로 여겨진다.

- 이규창 〈운명의 여진〉 102쪽

일제는 경신참변 이후 만주지방에서 수만 명의 조선인을 학살하고 조선인들의 학교를 공격했다. 당시 언론에 확인된 것만으로도 일제 군·경은 그해 10월 9일부터 11월 5일까지 채 한 달이 되지 않는 기간 동안 간도 일대에서 3,469명의 조선인을 학살했다. 골과 골을 파고들었고, 반일의식을 넓힌다고 지목된 학교와 교회를 주요 표적으로 삼았다.

신흥무관학교는 더 버틸 수 없었다. 사실상 만주까지 치안권을 확대한 일제 관헌의 압박을 피할 방법이 없었기 때문이다. 결국 1920년 말 일제의 압력과 이런 일제의 압력에 굴복한 중국 관헌들의 강압으로 결국 폐교에 이르고 말았다(신흥무관학교 영어교사였던 여준과 몇몇의 교사들이 경신참변 이후 길림성 액목현으로 옮겨 '금성중학교'로 이름을 바꾸어 계속했다는 이상룡의 손자며느리 허은의 증언도 있다).

　신흥무관학교가 폐교되자 학교의 군사훈련 담당 교관이었던 지청천은 학생 300여 명을 이끌고 안도현 삼림지대로 들어가 홍범도 부대와 연합작전을 펼쳤고, 곧 김좌진 부대와 함께 대한독립군단을 결성하고 청산리대첩에 참여하였고, 이후 무장투쟁의 일익을 담당하게 된다.

　이때 이석영은 사실상 무일푼에 가까운 처지가 된다. 그간 힘을 쏟았던 서간도 지역에서의 민족학교 육영사업도 일제의 간도 침탈과 신흥무관학교 폐교를 끝으로 더는 이어갈 수 없는 형편이 되었다. 나이는 환갑을 훌쩍 넘었고, 몸은 병들었다. 무엇보다 더는 독립운동 사업을 벌이고 뒷받침할 재산도 남아 있지 않았다. 이석영은 회영, 시영이 앞서서 독립운동을 벌이면 뒤를 돌보고 뒷받침하는 양상이었는데, 1920년 즈음부터는 사실상 일선에서 물러서는 형국이 될 수밖에 없었다.

　남은 일들은 또 다른 이들, 후대들, 새로이 사업에 나서는 선각자, 독립운동가들의 몫이었다. 그의 때가 다 간 셈이었다.

그는 그로부터 14년여를 더 살다 갔다. 짧지 않은 날들이다. 그 14년을 추정해보면 느리고 길게 서산에 해가 지듯 그렇게 한 삶이 스러지는 시간이었다. 안타깝고 슬프고 또 숙연한 시간이다.

1920년을 넘기면서 독립운동의 주 무대가 상해, 북경으로 옮겨 갔다. 만주 지역에 여전히 무장독립군들이 왕성했으나 일제의 침탈 때문에 더 깊은 산속에 주둔해야 했다.

무장부대를 따르거나 생업 때문에 만주를 벗어날 수 없던 동포들에 비해 독립운동에 뜻을 두는 이들은 적지 않게 중국의 내륙 쪽 도시 지역으로 옮겨갔다. 도시 지역은 새로운 일자리가 생겨 생계 수단을 찾을 방안이 있기도 했다. 무엇보다 내륙 지역은 일제의 마수가 아직은 만주에서와 같지 않았고 여전히 숨 쉴 틈이 있었던 셈이다. 3·1 운동의 성과를 집결해서 상해에는 대한민국 임시정부가 출범하고 독립운동에 뜻을 둔 청년, 선각자, 독립운동가들이 모여 들었다. 우리 민족의 눈으로 그 시절의 상해, 북경을 상상해 보면 뜨거운 열정의 도시였다고 하지 않을 수 없다.

그런데, 그렇게 독립운동가들이 집결하면서 일제의 밀정도 크게 늘었다. 정보·첩보 활동이 활발해서 독립운동가들과 밀정들은 등을 맞대고 산다고 해도 지나치지 않을 만큼 엉켜 살았다. 생존을 위해서, 조직 보위를 위해서, 독립운동가들의 비밀 활동은 더욱 치

밀해지지 않을 수 없었다.

3·1 운동 이후의 또 다른 변화는 독립운동 내부의 상황이었다. 1917년 러시아에서 사회주의 혁명이 성공하고 레닌 정부가 들어선 이후 독립운동 진영에 공산주의 운동의 영향이 날로 확산되었다. 물론 독립운동과 공산주의 운동의 연계는 그 이전에도 있어 왔으나, 전통적인 민족운동의 분화, 민족주의·공화주의 흐름과 대립되는 공산주의 운동의 성립과 성장, 양 진영 간의 갈등과 대립, 조직 분쟁과 세력 다툼이 일상적으로 벌어지게 되었다.

3·1 만세운동 당시의 열정과 감동은 점차 스러지고, 식민통치가 고착되고, 전망을 둘러싼 논쟁이 치열해지는 만큼 독립운동 내부에 있던 갈등은 거듭되고 커갔다. 외교론, 자치론이 등장하고 그에 맞선 운동론은 더욱 격렬하게 부딪쳤다. 독립운동가들의 사회에도 흔히 사람 집단에 있는 운동가들 사이의 호불호와 편 가르기, 조직 내 갈등이 끊이지 않고 이어졌다.

이런 독립운동가들 사이의 갈등 그리고 등을 대고 사는 밀정과 중국인들의 질시가 상존하면서 때로는 항일운동 대열에 함께하고 있는 동지를 오해하기도 하고, 갈등하고 증오하면서, 심지어 서로 목숨을 빼앗고 밀정에게 동지를 밀고하는 일이 벌어지기도 했다.

허나, 그 무엇보다 그 시절 독립운동가들과 그 지지자들이 직면한 가장 큰 난관은 생존의 문제, 먹고사는 문제였다.

당시 일본 영사관의 본국 보고문은 그들의 정보이기는 하나, 독립운동가들이 처한 냉엄한 현실의 일단을 추정할 수 있게 한다.

1925.8.17. 재상해 일본 총영사가 일본 외무대신에게 보낸 보고문 요지
〈한인 독립운동자들의 생활상태〉
당지 주재 한인의 현재 인구는 공동 조계에 140명, 불 조계에 600여 명인데, 그 중 생업을 가지고 있는 자로서는 당지 전차회사를 비롯하여 공부국 기타 영미인 경영회사에 취직된 자로 150~160명, 독립영업자 30여 명, 순학생으로서 학자 생계비의 지급을 받는 자가 약 80명, 기타는 거의 독립운동을 표방하고 이들로부터 금품을 강요하고 또는 각지로부터 자금을 모집하여 이에 의해 도식하는 자이다. 근래 각지 한인들도 독립의 몽상을 깨닫는 경향이 현저하고 나아가서는 그들의 생활은 날로 위협을 느껴 자포자기에 빠져 마침내는 강도로 화하고 혹은 중국 하층민의 무리에 들어가 걸식과 같은 생활을 계속하고 있는데 파업사건 발발 이래 일본 우편선을 비롯한 각국 증기선 회사가 하역인부의 모집을 개시하면서부터는 궁지에 있던 그들은 재빨리 이에 응하여 하역에 종사하고 있다. 그 상황은 우편선 회사 50명 영미선 회사 약 60명인데 노임은 2불 50센트로 그들이 금일까지 얻은 노임은 약 60여 불을 넘는 금액에 달하고 있어 그대로 계속해서 하역에 종사하는데 생활에 얼마

간 여유가 있음을 알게 된 한인 독립운동자들은 차제에 그 중 얼마라도 민단에 기부를 시키려고 오늘날 모금 중인데 이미 600여 불이 모여 있다고 한다.

- 〈한국민족운동사료(중국편) 일본 외무성 육해군성 문서 제2집〉

이석영의 삶이 다르지 않았다. 곁에서 돕고 싶으나 도울 방도가 없고, 함께 그 가난을 견디며 살아내야 했다. 늙고 병들고 가난한 예전 만석꾼 이석영의 노년 삶은 더 핍진했다. 늙고 병든 것을 아는지라 일제의 정보원들에게도 더는 긴박하게 추적해야 할 요원이 아니었다. 그는 잊혀져갔다. 그래도 자신과 동생들, 자식들의 안전을 위해서 숨어 살다시피 해야 할 처지였다. 그래서 더더욱 그에 대한 기록도 따로 남지 않게 되었다.

그만 그렇게 힘든 것이 아니었다. 독립운동의 일선을 뛰는 가장 믿음직한 동생 이회영은 굶기를 밥 먹듯 했고, 더 이상 생계를 이어갈 수 없어 아내는 국내로 들여보내고 아들과 딸은 보육원에 맡기는 형편이었다.

경신, 신유(1920~21)년 1, 2년간은 그럭저럭 손님 대접과 만세 소동에 동지들이 사업비와 생활비 겸하여 혹 보내 주더니, 그나마 3, 4년 후에는 단 일 푼 보내 주는 이 없었다. 왜놈들의 세력은 점점 높아 북경까지 뻗치고 우리가 바라는 희망은 날로 사라지니 어느 인간이 이를 알아 알뜰히 보살펴 주리오. 내 지금도 역력히 생각나느니 그 때는 정말 뵙기 딱하고 가엾으시지, 하루 잘 해야 일중식(日中食, 하루 한 끼 식사)이나 하고 그렇지 않으면 절화(絶火, 조리를 위한 불을 피우지 못함)하기를 한 달이면 반이 넘으니 생불여사로다, 노소 없이 형용이 초췌한 중에 노인이 어찌 견디리오.…
아무리 영웅호걸이라도 적수공권이니 무슨 소용이 있으리오. 금전은 사람에게 활이라, 지금도 생각하면 열렬하신 마음으로 만사를 참고 지내시던 일이 금창이 녹는지라.

- 이은숙 〈서간도 시종기〉 125~127쪽

임시정부 지킴이 동생 이시영 역시 국내에서 들어오는 독립운동 헌납금에 의지해서 죽이라도 먹는 날과 그냥 넘어가는 날을 이어가고 있었다.

10. 형제의 우의로 돕고 견뎌

    온 가족이 압록강을 넘던 때로부터 신흥무관학교를 중심으로 뭉쳐 민족학교를 일구던 1910년대를 지내고 난 후 이석영을 버틴 힘은 그래도 형제들 사이의 우애와 연대였다. 비록 가산을 다 쏟아 부었으나 아직도 권문세가의 자손으로서 남은 가족관계가 없지 않아 힘이 되었을 것이다. 서간도 삼원보 생활을 정리하고 난 후 여섯 형제는 봉천으로 천진으로 북경으로 상해로 모이고 또 흩어졌지만, 형제들 사이의 유대 그리고 신흥무관학교에서 배우고 자란 아들 딸 조카들의 연계는 더 넓게 이어졌다. 그리고 이들 가족들 대다수가 오직 나라를 되찾는 일, 독립운동의 범주 안에서 굳게 연대했다.

    이회영은 1913년 귀국해서 주로 한양에 머물며 일경을 피해 독립운동을 계속했다. 주로 만주, 상해 등에 보낼 독립운동 자금을 모았고, 끊임없이 새로운 대형 기획 사업을 모색하고 진행하기를 거듭했다. 그러다가 3·1 운동 직전 다시 압록강을 건너 상해와 북경을 오가며 활동했다. 다섯째 시영은 1919년 즈음부터 상해로 활동무대를 옮겼다. 3·1 운동 이후 민족운동의 새로운 중심으로 부상하는 임시정부의 설립을 기획하는 일부터 함께 했고, 이후 초대 의원이었고, 임시정부 법무총장을 맡아 일을 시작했다. 그는 해방이 되는 1945년까지 임시정부를 떠나지 않았고 끝내 지켜냈다.

이석영은 경신참변 직후, 남은 가족을 이끌고 봉천(오늘의 심양)으로 이주했다. 봉천은 농사를 짓는 지역이 아니었다. 만주 지방의 가장 큰 도시였다. 이주민들이 밀려드는 도시에서 전통 관료 출신, 비록 10여 년 경학사·신흥무관학교 경험이 있어 많은 생활방식을 혁신했다 하나 여전히 양반의 습속이 몸에 붙어 있을 이석영과 그의 가족이 어떻게 생존했을 것인지는 가늠하기 어렵다.

그 즈음 삼원보에서 경학사, 신흥무관학교를 함께 돌봤던 이석영의 동년배 석주 이상룡 선생이 봉천을 찾아 이석영 형제들과 조우한 기록이 그의 유고집 일기에 기록되어 있다.

동틀 무렵 봉천에 내려서 인력거를 불러 영석(穎石) 이석영을 방문했다. 이별한 후에 어떻게 지내는지 대략 묻고 이틀 밤을 잠을 자지 못한 관계로 심신이 고단하여 침구를 달라 하여 눈을 붙였다. 잠깐 사이에 해가 저물었다. 영석의 아우 의당 이철영이 그 백씨 건영과 함께 찾아와 오랜 회포를 풀었다.
- 〈석주유고〉 하권 57쪽, 1921.1.10. 기록

이 시기 이석영 집안에서 가장 큰 사건은 아마도 1921년 그해,

큰아들 이규준이 국내에서 구속된 사건이었을 것으로 추정된다.

이규준은 1896년에 태어났다. 호적상 '가오실 대감' 이유원의 장손이다. 늦게 태어난 만큼 집안의 기대가 얼마나 큰지 누구보다 잘 알았을 것이다. 서당에서 공부했고, 뒤늦게 신식학교에 한두 해를 다녔다. 열다섯 살에 부모를 따라 압록강을 넘었고, 아버지가 후원하고 삼촌들이 함께 세운 신흥무관학교에서 배웠다.

대한제국 시절 이석영과 이회영 사이에 삭발과 신식학교 입학을 두고 견해 차이가 있었을 때 논란의 장본인이었던 여섯 형제의 아들들, 또래 사촌 형제들은 모두 신흥무관학교에서 같이 공부했고, 졸업 후에는 신흥학우회에 함께 속해 있었다.

자식을 보면 부모를 알 수 있기도 하다. 이규준은 아버지의 배포를 닮았고, 헌헌장부 소리를 들었다고 한다. 배포가 크고, 똑똑하고, 독립운동에서도 동료·친구들을 이끄는 역할을 도맡았다. 준재였다.

서간도 시절 열일곱 살 때 합니하에서 발행한 〈신흥학우보〉에 혈기 넘치는 칠언절구의 시 '추야강무유감(秋夜講武有感 '가을밤 무예를 배우며 느끼는 소회'의 뜻)'을 남겨놓기도 했다.

그가 1921년 6월 국내 한 언론에 등장한다.

군자금으로 2만 원을 청구한 두 명 경성에 공소

중국 봉천 서탑대가(中國 西塔大街) 3번지 이규준은 항상 조선독립을 희망하던 바 재작년 3월에 조선 내지에서 독립운동이 일어나매 곧바로 상해로 가서 그의 숙부인 임시정부 재무차장 이시영(臨時政府財務次長李始榮)의 부탁을 받고 작년 음력 8월경에 다시 경성에 와서 시내 제부동 245번지 정진우(諸府洞鄭鎭瑀)와 공모하고 충청남도 홍성군 홍동면 구룡리 김용대(忠南洪城郡洪東面龜龍里金容大)에게 독립운동금 2만 원을 청구하다가 공주지방법원에서 이규준은 징역 2개년, 정진우는 징역 1개년의 선고받은 것을 불복하고 경성 복심법원에 공소하였다 하더라.

-〈동아일보〉1921.6.30.

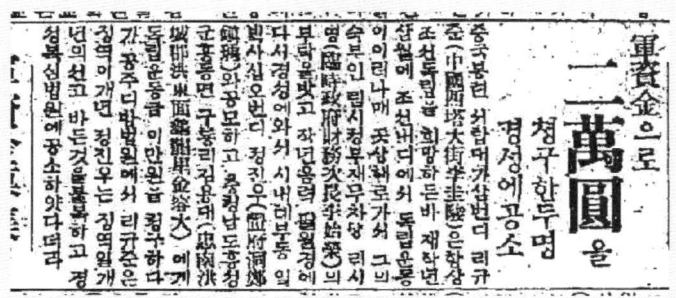

이규준 재판 소식을 알리는 기사

위 기사를 통해 알 수 있기는, 이규준이 3·1 운동 이후 국내에 들어와서 독립운동 자금 모금을 위한 활동을 하다가 체포되어 1심에서 징역 2년을 선고받았다는 것이다. 그리고 항소했으나 항소심 기록은 찾지 못했다. 여러 정황을 살피면 항소심에서 얼마간 감형이 있었을 것으로 추정된다.

그의 국내 활동과 수감은 이제 여섯 형제의 다음 세대, 즉 신흥무관학교에서 청소년기를 보낸 이규준과 그의 사촌 형제들의 운동이 본격 펼쳐지고 바야흐로 한 시대가 열리고 있음을 보여준다. 신흥무관학교 이후 여섯 형제의 자식들은 제각각 독립운동 전선에 나서게 되었고, 그 공적을 인정받아 훈·포장을 받은 사촌 형제들이 10여 명에 이른다. 그들 중 규준이 다른 형제들보다 먼저 일경에 체포되어 수감생활을 겪게 된 것이다. 만주로 국경을 넘을 때 정한 가족의 운명이었다고 해야 하나. 부모 세대의 뜻을 이은 그들의 발자취 역시 자랑스러운 우리의 역사가 되었다.

이 시기 봉천에서 이석영은 형 건영, 동생인 철영, 호영의 가족들과 함께했다.

그러다가 1923년 또는 1924년 어느 때 아직 봉천에 살던 형과 아래 동생 셋째 철영의 가족이 국내로 돌아갔다(건영이 그 이전 1913년 즈음 귀국했을 것이라는 증언도 있으나, 일제 밀정의 기록과 위 〈석주유고〉의 기술 등을 살펴보면 이러한 후손들의 진술이 사실에 부합한다고 볼 수 있다). 두 형제는 일경에 체포될 만한 행적이 없다고 여겼고, 형 건영은 조상 제사 등 집안을 건사해야 할 책임을 내세울 만했을 것이다. 건영은 이후 내내 개성 인근 파주 장단 지역에서 집안의 맥을 이으며 살다가 해방을 보지 못하고 1940년에 세상을 떴다. 석영을 대신해 신흥무관학교 교장 등을 맡아 일했던 철영이 귀국한 것은 건강이 악화되어 더 이상 중국 생활이 여의치 않았기 때문일 것이다. 철영은 귀국 한두 해 뒤 건강이 악화되어 여섯 형제 중 가장 먼저 세상을 떠났다. 막내 호영은 중국에 좀 더 머물다가 그 역시 몇 년 뒤 국내로 돌아왔다.

형 건영과 동생 철영 등이 귀국하기 전, 1922년 또는 1923년에 이석영은 장남 규준이 살고 있던 천진으로 이사한다. 아마도 이규준이 국내에서 수감생활을 끝내고 천진으로 돌아왔을 것이다. 장하고 믿음직한 아들이었다. 물론 이석영 자신이 그런 아들의 안전을 위해 자신부터 몸을 사리고 조심해야 할 형편이었을 것이다.

1923년 북경에 있던 이회영이 열한 살짜리 아들 규창에게 300리 떨어진 천진에 있는 이석영에게 심부름을 보냈다는 기록(이은숙 〈서간도 시종기〉)을 감안하면 천진 생활은 그 전에 시작되었을 것이고, 이규준의 수감생활이 위 기사가 전하는 '1심 형량' 2년보다는 짧은 기간이 아니었을까 추정된다.

이석영이 같이 살던 형제들이 가족을 이끌고 국내로 들어가는 것과 비슷한 시기에 석방되어 돌아온 규준과 살림을 합치게 된 것은 아마도 동생 회영과 상의한 후였을 것이다. 조카 이규학은 이석영을 모시고 오는 당시 상황을 이렇게 기록하고 있다.

> 둘째 숙부님 석영은 사촌 형 규준이 천진으로 모셔오고, 여섯째 숙부님 호영은 북경성 부친께로 오게 되었다.
> - 이규학 〈운명의 여진〉 102쪽

뒤에 이어지는 기록까지 감안하면 아마도 천진에서 이석영 부부와 두 아들이 함께 살았을 듯하다. 그리고 이곳에서 큰아들 이규준이 결혼하고 신혼생활을 했을 것으로 추정된다. 가족들의 증언에 따르면 이곳 천진에서 이석영 부부에게 하나뿐인 손녀 이옥희가 태어났다.

그녀 이옥희는 아버지 규준이 독립운동 중 세상을 떠난 뒤 작은할아버지인 이시영 가족의 도움으로 상해에서 살다 결혼했고 해방 후 두 아들을 이끌고 남편과 함께 귀국했다고 한다. 옥희의 남편 최병섭은 미군부대 통역관으로 일했는데, 한국전쟁 때 두 아들을 잃었고, 그 뒤 부부도 세상을 떠 이석영 집안은 절손되고 말았다.

이석영 가족의 천진 생활도 한두 해를 넘지 않았다. 다시 1925년 말쯤 북경으로 옮긴다. 천진에서 가족을 모셨던 큰아들 규준이 일제와 중국 경찰에 쫓기는 상황 때문이었다.

> 천진에 이주하신 둘째 숙부 석영님께서 천진에 계실 수 없는 형편이므로 내가 천진으로 가서 숙부님, 숙모, 규서 형 세 분을 모시고 집으로 와서 동거하게 되었다. 숙부의 큰아들 규준 형은 김달하 박용만 두 사람 사건 후 상해로 피난하고 없으니 부득이한 사정이었다.
>
> - 이규학 〈운명의 여진〉 121~122쪽

당시 이석영은 확연히 병색을 보이고 있었다고 한다. 이때 살림을 합치게 된 북경의 이회영은 궁핍한 형편을 개선하고자 아내 이은숙 여사를 국내로 들여보낸 뒤였다. 이로부터 대부분의 기간 동안 이석영은 회영과 같이 살거나 가장 긴밀히 소통하며 지냈다.

그 시절 독립운동가들 사이에 독립운동의 방식, 독립한 나라의 성격 등을 둘러싼 논쟁과 이념 갈등이 본격화하고 있었다. 상해의 임시정부는 내부 분란으로 극히 취약해지는 한편, 임시정부 개조론부터 시작해서 임시정부를 대체할 새로운 조직 논의까지 분출하고 있었다.

북경의 이회영은 이런 논란 속에서 나름의 운동관을 세워갔다. 그는 식민지 일제통치를 대체한다고 하나 또 다른 대항권력의 상징이 되는 임시정부가 내부 권력다툼의 양상을 띨 게 분명하니 정부와 같은 형식에 반대하면서 민족운동의 통일체로 대체해야 한다고 주장했다. 권력이 아니라 운동체여야 한다는 게 그의 생각이었던 셈이다. 다른 한편 그는 확산되는 공산주의 운동세력에 대해 매우 비판적이었다. 권력 추구 행위의 극단에 있는 게 공산주의이고, 사람에 대해 적대하는 방식으로는 새로운 사회를 세울 수 없다는 게 그의 견해였다. 그는 사실상 공화주의 민족운동의 입장에 서서 공산주의와 다른 운동전망을 살폈고, 이런 그의 탐구는 곧 무정부주의로 이어졌다. 그래서 죽을 때까지 이회영은 스스로 "바라는 것은 조선의 독립과 민주주의이고", "자유를 가장 소중히 여기는 무정부주의자"로 자기 운동의 정체성을 설명하는 운동가가 된다. 그리고 굳세게 그런 전망을 넓히고, 같은 뜻을 가진 이들과 연대를 강화하는 조직활동에 헌신한다.

그 이회영의 곁에 이석영의 큰아들 이규준이 있었다. 이회영의 아들 이규학 역시 함께였다. 이규준과 이규학은 이회영의 충직한 제자이기도 했다. 이규학의 기록을 감안하면 아마도 이석영이 천진에서 북경으로 이주하기 전에 이규준은 이미 북경에서 이회영의 조직 활동을 돕고 함께하고 있었을 것이다. 국내 수감생활 후 천진에 돌아온 이규준은 작은아버지 이회영과 함께 북경과 천진을 오가며 비밀 독립운동을 이어갔고, 이런 활동의 대강을 천진의 이석영 역시 알고 있었을 것으로 추정할 수 있다. 아마도 자신의 일처럼 응원했을 것이다. 물론 아들의 안녕을 빌면서.

이회영은 단재 신채호 선생 등과 함께 무정부주의 행동조직에 열정을 쏟고 있었다. 1920년 말 신흥무관학교 출신 김원봉이 주축이 되어 과거 신흥학우회 출신들이 대다수인 의열단을 만들 때 이를 뒷받침했다. 단재 신채호 선생이 이회영의 집에서 쓴 '조선혁명선언'은 무정부주의에 입각해서 이 의열단 노선의 정당성을 주장한 격문이었다.

'폭력으로, 행동으로 계급지배 없는 새 조선을 건설하겠노라!'

의열단은 조직을 크지 않게 운영하는 게 원칙이었다. 일제 및 식민지 권력 상징물 파괴, 요인 암살 등을 표방하면서, 조직 보위를 위해 단원을 50명으로 제한하기도 했다. 이에 의열단과 유사한 목적으로, 일제에 충성하며 운동가들을 염탐하는 밀정들을 색출해서 처단하는 행동조직을 별도로 조직하게 된다. 다물단이다. 그 조직의 주축이 이석영의 큰아들 이규준이었다.

애초 다물단은 서간도 시절 신흥학우회의 첫 이름이기도 했다. 1923년 경 조직된 다물단 역시 신흥무관학교 출신들이 주축이었고 이석영의 큰아들 이규준, 이회영의 큰아들 이규학이 핵심 성원이었다. 조직을 지도한 건 이회영-신채호였다. 실제로 다물단은 일제의 밀정을 처단하는 일을 했다. 이 때문에 당시 다물단 조직원들은 '체포되었을 때는 입을 다문다는 뜻으로 다물단'이라고 조직원들끼리 다짐하기도 했다고 한다. 1925년 임시정부 최고위층과 교유하며 정보를 취득하고 공작활동을 벌인 밀정 김달하를 처단한 게 다물단이었다. 이 일에 김달하의 집 내부구조를 염탐해서 단원들이 김달하를 처단할 수 있도록 안내한 이가 이규준이었다.

이렇게 작은아버지 이회영을 따라 가장 위험한 조직 활동에 복무하던 이규준은 1928년 북경 인근 석가장에서 운명하고 만다[다물단 동지였던 이우민의 일제 검찰 조서에 있는 "소화 3년(1928년) 석가장에서 병사하였다"라는 기록에 따름(한국사데이터베이스 참조)]. 그의 나이 서른세 살이었다. 당시 독립운동가들의 곁에 저승사자가 함께 동행하고 있었다고 할 수 있고, 밀정 처단을 조직의 가장 중요한 목표로 삼는 조직에서 활동하던 그에게 삶과 죽음의 경계지대는 희미하기도 했을 것이다.

규준은 상해를 떠나면서 딸 옥희를 신흥무관학교 시절부터 같이 성장한 친구이며 동지인 사촌동생 규학에게 맡겼다. 그는 규학의 부인 조계진 여사(그녀는 고종의 조카딸이다. 1918~9년 이회영의 고종 망명 추진은 그녀와 규학의 신부례 일정을 활용해서 기밀을 유지하며 협의할 수 있었다)에게 "형수씨, 북경에서 두 딸을 잃으셨는데 이 애를 딸처럼 잘 키워주세요. 내가 자리 잡으면 데리러 갈게요." 했다 한다. 규준은 규학과 동갑이지만 생일이 늦어 규학의 부인에게 농담처럼 '형수씨'라고 불렀다고 한다. 이석영의 장남, 만석꾼 '가오실 대감' 이유원의 장손 이규준은 그렇게 사촌형제에게 가족을 맡기고 상해를 떠났는데, 종국 불귀의 객이 되고 말았다.

얼마 후 풍문에 석영의 아들 규준의 소식이 북경에 들이닥쳤다. 기둥 같은 장남이 비명에 갔다는 것이었다. 독립투쟁 과정에서 죽은 시신이라도 찾는다는 것은 사치였을까? 어디서 어떻게 적이 놓아둔 덫에 걸렸는지, 규준은 비밀 약속 장소에 도착하지도 못한 채 그대로 사라지고 말았다. 이우민 심문조서 등 병사였다는 기록이 있으나, 역시 시신 수습과 장례가 치러지지 못한 죽음이라는 건 틀림없는 것으로 추정된다.

자식 잃은 이석영의 상실감이 얼마나 컸을까는 미루어 짐작할 수 있다.

11. 서산에 해 떨어지는데 갈 길은 멀다

　이석영의 병이 더욱 깊어갔다. 그러자 1930년 이후 어느 때 국내에 돌아와서 자리를 잡은 막내동생 호영이 중국으로 건너와 시름시름 앓고 있는 형님 이석영을 모시고 귀국했다. 그리고 병원에 입원시켰다. 일제 경찰들이 그의 귀국을 확인하고 조사했으나, 병이 깊다는 상황을 확인하고 행적을 감시하는 정도로 동정을 살폈다고 한다. 그런 상황인데도 치료를 끝낸 이석영은 동생에게 중국에서 항일운동을 하는 이들이 있는데 국내에 편안히 머물 수는 없는 일이라며 중국행을 고집했다고 한다. 그러면서 집안 내에 아직도 팔 수 있는 자투리 땅이 남아 있나 알아보았다. 하지만 서출로 가업을 지키던 아우들 호영[虎榮, 1869년생. 여섯 형제 중 막내이자 서자인 호영(護榮, 1875년~1933년)과 동명이인]과 표영(豹榮, 1873년생, 호영과 표영은 이유원의 서자들)이 극구 만류하여 더 이상 중국으로 가지고 나갈 큰돈을 마련하기는 어려웠다.
　이제 나이 팔십을 앞둔 어른이 가서 할 일이 있을 것도 아니어서 동생과 가족들은 여기서 노후를 맞으시자며 석영의 중국행을 말렸다. 그러나 이석영은 끝내 고집을 꺾지 않았고, 결국 금강산에 유람이나 다녀오겠노라고 하고, 여행비를 받아 곧장 중국으로 넘어갔다. 건강이 회복되지 않은 불편한 처지에도 불구하고 일제가 통치하는 곳에서 더 이상 머물 수 없다고 결심한 이석영의 강인한 항일 의식을 읽을 수 있는 대목이다.

그 뒤로 이석영은 상해에 머물렀고, 그곳에서 생을 마쳤다.

그가 동생의 집에서 정양하던 중 하루는 호영에게 이렇게 말하였다.

"내가 지난 번에는 병중에 정신 없이 고국에 돌아왔더니 이젠 병이 회복되어 몸이 건강하여졌으니 너의 정성이 무에 고맙구나. 그러나 내가 전에 나라를 떠날 때는 고국 강산을 다시 보지 못할 줄로 생각하였다가 오늘에 와서 의외로 귀국하게 되어 강산을 다시 보니 실로 희비가 교감하는구나. 지난 날 내가 천하의 선비 노중련(魯仲連. 춘추전국시대 제나라의 선비. 부를 경시하고 의를 따라 산 선비의 표상으로 삼는 인물)의 높은 의기를 품고 나라를 떠났었는데 이제 인간고로 인하여 큰 뜻을 바꾼다면 어찌 부끄럽지 않겠는가? 나는 중국으로 다시 나가고자 하니 나의 뜻을 이해하고 차비를 대 다오."

동생 호영은 대답하였다.

"형님께서 한강 후미진 곳에 종적을 숨기고 은거하셔서 세상의 시비와 영고를 불문하시고 세상 밖의 한가한 몸이 되어 조용히 노년을 지내시면 이 또한 의사의 높은 뜻인 줄로 생각하오니 나라를 떠나겠다는 말씀을 다시는 하지 말아 주십시오. 형님께서는 80 고령이신데 또 다시 중국에 가시면 만고풍상을 어떻게 견뎌내시겠습니까? 차비는 절대로 드릴 수 없습니다."

그는 어찌할 도리가 없는지라 길을 떠나지 못하고 침울한 세월을 보냈다. 하루는 호영에게 이렇게 청하였다.

"내가 금강산을 탐승하고자 하니 여비 얼마쯤만 다오."

호영이 5백금을 주자 그는 동생을 작별하고 봉천행 기차를 타고 중국으로 다시 돌아갔으니 그 동생에게 금강산행이라며 여비를 요구한 것은 거짓말을 한 것이었다. 그런 즉 그는 진실한 의사이다. 그렇지 않으면 장래의 그 무한한 고통과 환난을 어찌 다시 밟으려 하였겠는가? 그는 노중련의 만고의 좋은 짝이라 할 수 있겠다.

이리하여 그는 상해로 흘러들어가서 동서를 표박(漂迫, 떠돎)하였는데 곤란은 더욱 심하여지고 초췌한 늙은 모습은 차마 듣고 볼 수 없는 지경이었다.

- 이정규·이관직 〈우당 이회영 약전〉 177~178쪽

상해는 임시정부에서 일하는 이시영의 활동무대일 뿐만 아니라 큰아들 규준이 죽고 하나 남은 아들 규서의 활동무대였다. 더구나 삼원보에서 함께 경학사와 신흥무관학교를 일궜고, 이석영이 집은 물론 생활비 등을 도왔던 이동녕이 임시정부 의정원 의장으로 일하고 있던 곳이기도 했다. 그들 곁에서 삶이 다하는 날까지 응원하고 돕는 것, 그것이 이석영의 바람이었을 것이다.

유명을 달리 한 큰아들 규준이 작은아버지 이회영과 함께 무정부주의를 표방하는 조직에 참여해서 조직 활동을 하고 그를 따랐던 데 비해, 둘째 아들 규서는 또 다른 작은아버지 이시영과 함께했다.

이석영이 후원했고 도왔던 두 동생 회영과 시영은 1920년대를 거치며 독립운동에 대해 얼마간 견해 차이를 드러내며 각기 조직 활동을 이어갔다. 회영은 독립운동의 노선을 숙고하고 탐색하며 무정부주의에 경도되었고, 단재 신채호, 심산 김창숙 등의 애국지사들과 직접 행동노선을 견지하며 활동했다. 이와 달리 시영은 임시정부 의원을 시작으로 국무령, 법무총장 등의 직책을 이으며 임시정부 지킴이로서 활동을 이어갔다. 두 동생은 공화정을 지향하는 민족주의 운동을 함께 견지했으나 임시정부의 적절성이나 독립운동의 통일성을 실현하는 방식 그리고 근대화의 진전, 공산주의 이론의 확산과 함께 드러나는 계급문제에 대한 인식 등에서 얼마간의 견해 차이가 있었던 셈이다. 두 동생은 서로를 존중하며 각기 활동을 이어나갔다.

후일 형 이회영의 순국 소식을 들은 시영은 "멀리 대련 부두를 향하여 곡하며" 쓴 추도의 글에서 둘 사이 차이와 일치하는 점을 스스로 쓰기도 한다.

"…형님은 사회를 주장하시고, 아우는 민족을 중하게 여기어 뜻과 방향이 다름이 있고 길을 나누어 깃발을 날리되 지극한 우애로 인하여 어그러짐이 없었다."

— 이시영의 이회영 추도의 글 중에서

이석영의 둘째 아들 이규서는 1912년 서간도 삼원보에서 태어났다. 온 가족이 만주로 건너온 뒤 험난한 악전고투를 시작한 다음 해에 태어난 것인데, 서간도에서 자라는 동안 신흥무관학교 학생이 되기에는 어린 나이였다. 집안의 전언에 따르면 늦둥이로 가족의 각별한 애정을 받고 자랐다. 사촌 형제들의 만주 시절 기억이 담긴 수기에 "쌀밥 먹는 규서가 부러웠다"라는 대목이 있는 것을 보면, 이석영 가의 상대적인 여유와 규서에 대한 각별한 살핌을 추정할 수 있다. 그는 상해에서 학교를 마친 뒤에는 이시영의 문하생처럼 작은아버지의 뒤를 따라다니며 독립운동을 도왔다. 시대 상황, 집안의 분위기, 항일투쟁이 아니라면 자기 정체성을 주장할 수도 없는 자리에서 독립운동은 그의 숙명이었다. 형 규준이 유명을 달리한 때 그는 열일곱 살이었다. 형이 독립운동 중 목숨을 잃은 뒤 그가 느끼는 책임감이 남달랐을 것이고, 집안에서 거는 기대 역시 적지 않았을 것이다.

이시영은 상해 독립운동가들 사이에서 20년대 후반 국공합작, 국내에서의 신간회 운동 등과 연계한 민족유일당 운동이 실패로 돌아간 직후, 임시정부를 이끌 정당으로 한국독립당을 창당하는 데 앞장선다. 서간도에서부터 뜻을 맞추어 온 이동녕이 앞장섰고 김구와 안창호가 함께 참여해서 정당을 결성키로 한 것이니 오랜만에 임시정부를 이끌 힘 있는 대열을 갖추는 일이었다. 1931년 3월 1일 창당한 한국독립당은 삼균주의를 당의 이념으로 표방하고, 무력투쟁을 포함한 항일 역량의 강화와 단일 대오 결집을 표방하며 출범했다. 이후 국민당으로 이름을 바꾸거나 부침을 거듭하면서 해방에 이르기까지 임시정부 내 가장 유력한 정당으로 역할하였다. 1945년 해방 이후 서울에 돌아와 해방정국과 전란의 와중에서 상해에서 창당하던 때의 이름을 회복해서 민족주의 진영의 대표적인 정당으로 그 활동을 이어가게 된다.

이 한국독립당에는 몇 개의 방계조직이 있어 당의 이름으로 하기 어려운 일상적인 대중활동이나 항일활동을 할 수 있도록 했다. 그 중 하나로 상해의 젊은 민족주의 성향의 청년들을 결속한 청년조직이 출범한다. 상해한인청년당이다. 이전까지 있던 상해한인독립운동청년연맹을 확대 개편한 조직이다.

이 청년당은 이사장 한영려와 네 명의 이사를 두었는데, 이석영의 아들 이규서가 그 중 한 명이었다. 한국 청년의 단체 군사훈련을 실시하고, 청년들의 혁명역량을 총결집하는 것을 조직의 목표로 표방하는 한편 일제의 주요기관 파괴, 밀정 숙청 사업을 다짐하고 있다.

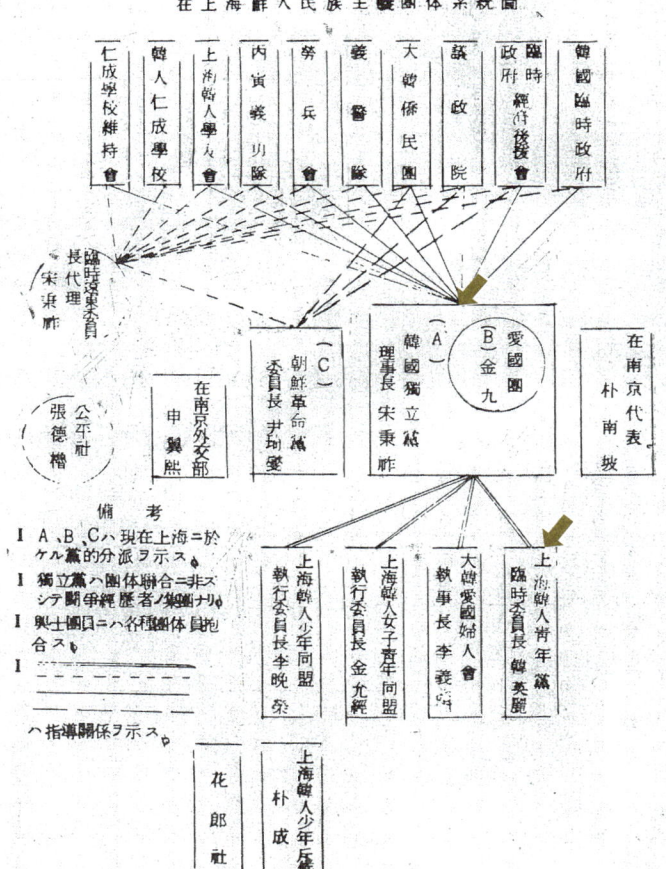

1932년 일제 정보당국이 그린 '재상해 조선인 민족주의 단체 계통도'.
애국단 김구와 한국독립당을 중심으로 하고, 이규서 등이 주도한 상해한인청년당을
주요 방계조직으로 표기하고 있다.
[〈한국민족운동사료(중국편) 일본 외무성 육해군성 문서 제2집〉 765쪽].

1932년은 독립운동의 역사에서 다른 해와 확연히 구분될 만큼 뜨거운 한 해였다. 새해 벽두 한국독립당이 조직한 특수임무 요원인 한인애국단원 이봉창 의사(義士)가 도쿄 사쿠라다몬 밖에서 일본 쇼와 천왕에게 폭탄을 던졌다. 비록 거사에 실패했으나, 식민 통치자 일제의 권부가 가슴을 쓸어내릴 일이었다. 그리고 같은 해 4월 29일 한인애국단원 윤봉길 의사(義士)가 중국 상해 홍구공원 일본인들의 전승축하기념식장에서 단상에 도시락 폭탄을 던져 중국 침략의 선봉에 서 있던 일본군 지휘부 일원을 대거 살상했다. 중국 사회가 깜짝 놀랐고, 우리 독립운동의 한 전기로 기록될 만한 의거였다. 이 일 이후 일제의 극악한 탄압에 쫓긴 임시정부는 상해에서 항주로 옮겨가야 했다. 그렇다 해도 윤봉길 의사의 의거는 중국 사회에서 조선인 독립운동에 대한 인식을 바꿔놓을 만큼 영향이 컸고, 장개석이 이끄는 중국 국민당이 해방에 이르기까지 임시정부를 지원하고 옹호하도록 이끈 계기이기도 했다.

　한편 만주에서는 1931년 만주사변 이후 일제의 꼭두각시 정권이라 할 만주국이 수립되었다. 이에 맞서 조선혁명군은 중국 의용군과, 한국 독립군은 중국 국민정부군과 각각 한중연합 작전을 펼쳐 전과를 올렸던 해가 1932년이다.

　그해 상해에 있던 이회영은 그간의 무정부주의 조직운동을 마무리하고, 무장독립전쟁의 현장 만주로 가기로 결심한다. 그때 그의 나이 예순여섯 살이었다. 그 스스로 다시 돌아올 수 없는 마지막 길, 싸우다 죽기를 각오한 순국의 길을 자처해 나선 것이다. 평소 "내 삶의 목적을 향하여 최선을 다하다 죽는 것이 내가 바라는 행복이다. 뜻을 위해 죽을 곳을 찾는 것이 행복이다"라고 말했던 것처럼 싸우다 죽기 위해서 만주로 향한 것이다. 만주로 가기 전 항주에 가서 김구와 아우 이시영을 만나 소회와 결의를 논의하고 오기도 했다. 만주행의 무게를 그 스스로 느끼고 있기 때문이었고, 어쩌면 다시 돌아올 수 없는 길일 것이라고 여긴 행보였다.

이회영은 그해 봄 윤봉길 의사의 홍구공원 폭탄 투척 사건에 크게 자극 받았다고 한다. 독립운동의 활기를 되살리고 일제의 침략 의지를 꺾는 유력한 방법이라고 거듭 확인하게 된 것이다. 실제로 그의 목표가 일본 관동군 사령관 무토오 노부요시(武藤信義)였다고 한다. 일제의 만주 침략을 저지하는 또 하나의 의거를 다짐한 걸음이었다.

이러한 이회영의 행보에 대해 중국 측 문헌은, 당시 그가 이끌던 남화한인연맹 등 무정부주의 운동 조직의 근거지를 단주로 옮겨 조중연합 항일투쟁을 벌이겠다는 구상이었고 이런 구상 아래 조선혁명군을 이끌기로 사전 의논이 있었다고 기록하고 있다(이회영은 중화인민공화국으로부터 항일투사로 추앙받고 있다).

이회영 중국 정부 수여 항일투사 증서(혁명열사증명서)

이회영은 만주행을 우려하는 동지들에게 "내, 늙은 사람으로서 텁수룩하고 궁색한 차림을 하고 가족을 찾아간다고 하면 누가 나를 의심하겠는가? 내게는 무슨 증거될 일이 없지 않은가? 그리고 나는 만주에 가면 바로 사위 장기준에게 의탁할 수 있으니 주거에 관한 걱정도 없지 않은가? 내가 먼저 가서 준비공작을 해놓을 테니 그대들은 내가 연락을 하거든 2진, 3진으로 뒤따라오게"라고 부탁했다고 하고, 그들과 함께 이후 해야 할 일을 심의하고 결정하기도 했다.

1. 만주에 속히 연락 근거지를 건립할 것
2. 주변정세를 세밀히 관찰하고 정보를 수집할 것
3. 장기준을 앞세워 지하조직을 건설할 것
4. 일본 관동군 사령관 무토오 암살계획을 세울 것

- 이상 중국 문헌 [조문기(曹文奇) 저 〈항일투사 이회영(抗日鬪士 李會榮)〉] 등 참조

그가 만주로 떠나기 전 마지막으로 찾은 사람은 오랜 동지, 자신을 뒷받침하며 온 삶을 던진 형 이석영이었다. 아들 규창과 함께 형을 찾아 크게 절하고 먼 길을 떠나는 심경을 고하고, 형님의 건강을 빌었다. 이역만리 남의 나라 초라한 자리에서 나누는 형제의 작별은 살아온 세월의 무게만큼, 서로에 대한 존중이 크고 넘치는 만큼, 서로가 놓인 삶의 처지에 대한 연민이 큰 만큼, 슬프고 아름다운 장면이 아닐 수 없다.

나이 열두 살 차이, 띠 동갑인 동생이지만 살아온 세월 내내 가장 가까운 친구처럼 지내온 사이였다. 홍엽정에서 뜻을 키울 때 곁에서 지켜보았고, 함께 압록강을 넘어 만주로 왔다. 유난히 믿음직하고 가장 깊이 뜻을 나눈 동생이었다. 만주가 멀다 하지만 다시 못 볼 길이라고 여기지 않았다. "내 몸이 노쇠해서 얼마나 더 살게 될지 모르나 죽지만 않는다면 다시 보게 될 것이고, 비록 지금 암울하나 일제 놈들의 세상이 언제까지 계속되지는 않으려니" 믿었고, 그때를 앞당기겠노라 환갑이 넘은 몸을 이끌고 전장에 나서는 동생의 무운장도(武運壯途)를 빌었다.

이 자리에서 이회영은 석영에게, 대련을 거쳐 만주로 가서 싸우겠다며 행선지 계획을 설명했다고 한다. 그리고 며칠 후 이회영은 황포강 부두에서 아들 규창과 작별하며 혈혈단신 상해를 떠났다. 그해 11월이었다.

며칠 뒤 작별 인사 때 함께 왔던 회영의 아들 규창이 험악한 소식을 갖고 다시 왔다. 대련에서 이회영이 일제 경찰에 체포되었고 그곳 경찰서에서 사망했다는 것이다. 당시 일제는 이회영과 그 주위 무정부주의자들의 움직임을 예의주시하였고, 핵심 인물을 추적해서 조직의 와해를 도모했다. 그래서 1928년 5월에 신채호를, 그해 10월에 이정규를, 1930년 9월에 이을규를 각각 체포했다. 이들과 함께 그 운동을 이끈 또 한 사람의 주역이 이회영이었던 만큼 그를 겨냥한 추적이 있었을 것으로 추정한다.

며칠 전 손을 맞잡고 동생은 형에게 건강을 빌었고 형은 몸조심을 당부했는데 사망이라니 믿을 수 없는 일이었다. 독립운동이 비록 사선을 넘는 일인 줄 이미 알고 있었지만, 가까운 동생이 이렇게 가리라는 건 미처 생각도 못한 일이었다. 석영은 조카 규창을 붙잡고 울었다. "이게 어인 일이냐!"

이석영에게 동생 이회영의 죽음은 하늘이 무너지고 대들보가 주저앉는 엄청난 재난이었다. 몸을 가눌 수 없어 그저 자리에 누울 수밖에 없었다.

그런데 이 일은 또 다른 재난으로 이어졌다. 이회영의 사망 소식을 들은 상해의 이규창 그리고 수다한 동지들은 깜짝 놀랐다. 그래서 이회영의 마지막 행적을 되짚었다. 대련에서 검문 경찰이 선박 4등실에 있는 이회영에게 곧장 달려들었음을 확인했다. 누군가 행선지를 밀고하지 않고는 있기 어려운 체포였다. 행선지 정보가 새나간 것이고 대련의 경찰이 이회영을 기다리고 있었다는 정황증거였다. 상해 황포강 부두에서 이회영과 작별한 것은 함께 살던 아들 이규창 하나뿐이었다. 그래서 정보 누설자로 추정된 자가 연충렬이었다. 연충렬은 여러 행적으로 동지들 사이에서 의심을 사고 있었다. 돈을 헤프게 썼고, 일본 영사관을 드나든다는 첩보가 운동가들 사이에 전해지고 있었다.

이회영이 형 석영을 찾던 날, 집에 아들 이규서가 자신이 속한 조직 상해한인청년당의 간부인 연충렬과 함께 있었다. 작은아버지 이시영을 좇아 독립운동에 열을 내고 있던 조카 이규서, 그를 이끄는 연충렬에 경계심을 늦춘 때문이었을까. 연충렬은 임시정부 요인이었던 엄항섭의 처조카였고, 무엇보다 이규서와 연충렬은 이시영을 도와 일하는 한국독립당의 핵심 청년 간부들이었다. 이회영은 그들을 경계하지 않았다. 뜻을 함께한 동지들이고, 둘 다 독립운동가의 인척이었다.

두 사람은 요인 암살, 밀정 처단 등을 조직의 목적으로 삼던 청년 독립운동가들의 조직인 남화연맹 조직원들에게 붙잡혀왔고, 취조를 받았다. 의심은 사실로 확인되었다. 연충렬의 일제 밀정 행위가 밝혀졌다. 이규서는 "늙으신 아버님과 이회영 작은아버님, 이곳에서 더는 살 수 없을 두 분을 국내로 모시겠다고 해서 그럴 수 있는 길인 줄 알았다"라고 변명했다고 한다. 두 사람은 즉결처분되었다. 1933년 그해 초의 일이다.

하나밖에 없는 아들 규서의 죽음을 이석영이 곧장 알지는 못했다. 이규서의 정보누설 행위와 죽음에 이른 전모를 아는 이는 한 살 아래 사촌동생 이규창이었는데, 이규창은 이석영이 별세에 이르기까지 그 소식을 전하지 않았다.

그날 밤엔 비까지 와서 형언할 수 없이 우울하여 2, 3시까지 잠을 못 이루고 새벽녘에 잠깐 잠이 들었는데 태공(太公, 이규서를 말함)이 내게 나타나서 통곡을 하며 용서를 빌며 산발한 상태로 있다가 내게서 사라졌다. 놀라서 눈을 떠보니 꿈이었다. …

조반을 먹는 둥 마는 둥 하고 기다리는데 12시가 다 되어서 백(白, 독립운동가 백정기를 말함), 엄(嚴, 엄형순을 말함) 두 분이 돌아오시니 나로서는 그 내용을 도저히 물어볼 수가 없었다. 두 분의 말을 기다릴 뿐이고 눈치만 살필 뿐이었다. …

그런 지 15일이 지난 후 백정기 선생이 그날의 상황을 자세히 설명하여 주었다. 지금 나로서는 그 상황을 쓸 수도 없고, 또 쓴다고 해서 무슨 의미가 있겠는가. 그런 불행하고 비도덕적이며 인간의 탈을 쓰고 어찌 그런 야수같은 행위를 했을까? …

항주에서 돌아와(임시정부에서 치른 이회영의 추도행사에 다녀옴을 말함) 규홍, 규학, 규훈 형님들 및 형수님들과 그간의 이태공이나 연충렬에 대한 여러 가지 비통한 일들을 말하며 앞으로의 일을 논의했다.

- 이규창 〈운명의 여진〉 249~252쪽

이런 회고 글에서 이회영, 이규서 등의 일을 겪은 당시 집안의 분위기 일단을 추정할 수 있다. 이석영은 한동안 아들의 소식을 조카에게 묻다가 더는 묻지 않았다. 어쩌면 다른 경로로 아들의 죽음 소식을 전해 들었을 것으로 추정한다[이회영의 손자 이종걸 민족화해협력범국민협의회(민화협) 대표상임의장의 증언]. 온 삶을 다해 응원했던 동생

이 죽더니, 얼마 후 하나밖에 없는 아들이 세상을 떴다. 하늘이 두 번 무너진들 이보다 더하랴.

험악한 일은 동생, 아들의 일에 그치지 않았다.
경성에 있던 막내동생 호영이 노년의 형 석영이 걱정되어 곁으로 온다고 연락을 보내왔다. 중국에 새 터전을 만들겠다는 다짐도 있었다.
막내동생 호영은 적서차별이 엄연하던 시절의 서출이었다. 허나, 이석영의 형제들은 그를 차별하지 않았고 형제들의 막내로 아끼고 존중했다. 재산을 처분하고 압록강을 넘을 때도 함께했고, 서간도에서 이석영이 육영사업에 진력할 때 자신을 대신해서 줄곧 신흥무관학교 재무를 맡도록 했다. 재무 업무는 이석영의 재산을 효율적으로 쓰며 학교 운영을 돕는 것이었고, 호영이 가장 젊고 이재에 밝아 그 일을 맡은 것이다. 당연히 석영의 재산관리도 그의 몫이었다.

> 나의 여섯째 숙부이신 호영은 1910년 국내에서 전 가족이 만주로 이주하여 둘째 숙부 석영의 전 재산을 관리하며 전심전력을 다하였던 분이다.
> - 이규창 〈운명의 여진〉 102쪽

병이 깊은 석영을 국내로 모시고 들어가 요양할 수 있도록 도운 이도 그였다. 그가 상해에 와서 다시 자리를 잡으면 잘 살아낼 것으로 믿음이 가는 이였다. 곁에 있으면 큰 힘이 될 것이었다. 호영으로부터 아내 그리고 두 아들(규황, 규준)과 함께 나선다는 전갈도 받았다.

그런데 그걸로 끝이었다. 상해로 오겠다던 동생이 북경에 머문 뒤 소식이 끊겼다. 네 가족이 사라진 것이다. 그리고 소식은 영영 이어지지 않았다. 이석영이 죽을 때까지, 그가 죽고 난 후에도.

12. 천하에 할 말이 있다!

1933년 그해는 이석영에게 처연한 삶의 마지막이었다.

당시 윤봉길 상해 거사 이전에는 이석영 집안의 친척들이 상해에 몰려 살았다. 조카들은 넉넉하지 않은 살림이지만 각기 전차공사 매표원이라도 해서 월급을 받으면 얼마간 떼어서 이석영의 생활비로 보탰다고 한다. 하지만 윤봉길 의사의 4·29 쾌거 이후 남자들은 모두 상해 밖으로 뿔뿔이 도피했다. 젊은 조카들은 독립운동의 이모저모에 참여해서 제 각각 제 갈 길을 걷고 있었고, 상해에 함께 있던 이시영은 항주로 옮긴 임시정부를 따라 그곳에 가 있었다. 친척들의 전차공사 취직자리도 끊어졌다. 이석영 노부부의 생활도 어려워졌다.

상해의 어느 골목, 좁고 옹색한 방에 누운 이석영은 끼니를 걱정하는 늙은 아내 박 씨 부인과 함께 뜨거웠던 한 삶을 곱씹어 돌아보았다.

만주벌판 삼원보에서 동생 회영이 경성에서 체포되었다가 별일 없이 석방되었다는 낭보를 받고 급히 준비해서 강냉이밥 풍성히 차려놓고 이웃과 나눠 먹으며 지낸 환갑날, 꽁꽁 언 압록강을 건너오는 가족들을 기다리다 만나던 감격, 생부·생모의 임종을 지키던 밤,

밀려오는 열강들 틈새에서 개화와 혁신의 길을 찾던 관리로서 모대기던 날들, 만석꾼 양부와 함께 지낸 삼 년 그리고 이별하던 날, 양주에서 한양 사이 너른 들판에 엎드려 삶을 잇던 흰 옷 입은 민초들의 모습, 여섯 형제 의기 높게 나라 걱정과 개혁의 열정을 나누던 청년의 때, 먼저 간 믿음직했던 큰아들 규준, 자라서도 아이 같던 작은아들 규서에 대한 추억이 주마등처럼 지나갔다. 뜨겁게 살아낸 한 생이었다.

그리고 해가 바뀌어 갑술년 새해 벽두 음력 1월 4일 이석영은 곡절 많은 한 삶을 마쳤다. 그 자신 일생의 영화를 포기하고 아들들은 모두 독립운동이라는 커다란 역사의 수레바퀴에서 비명에 가 절손이 된 이석영은 상해 프랑스 조계 허름한 집 다락방(上海市 法租界 亞爾培路 徐家東橋寓)에서 쓸쓸하게 눈을 감았다. 역시 병고에 시달리고 있는 박 씨 부인만이 곁을 지켰다.

그분이 돌아가셨다는 소식이 전해지자 항주에 피신해 있던 임시정부 요인들이 조위금을 보내왔다. 신흥학우단과 약간이라도 인연이 있는 사람들 누구라도 조의를 표하며 부의금을 보냈다. 항주로 쫓긴 백범 김구도 주위 동지들에게 이석영의 헌신을 되새기며 조위금을 모았고 자신도 큰돈을 보태어 상해로 보내왔다.

상해에 남아있는 조카들 가운데 일제 관헌의 감시가 비켜간 분으로, 새로 결혼한 이시영의 차남 이규홍[李圭鴻, 1905년생, 해방 이후 이규열(李圭悅)로 개명이 있었다. 서울에서 결혼식을 올리고 상해로 와서 단출한 신접살림을 차린 직후였다. 그에게 항주에 피신하고 있는 이시영으로부터 이석영 백부의 장례를 비롯하여 홀로 있게 된 숙모님 노후 간병까지 일체를 맡으라는 전갈이 왔다.

장례는 일본 영사관 관헌들의 감시를 피하여 조촐하게 치렀다. 홍교로 공동묘지에 모셨고, 박 씨 부인까지 돌아가시면 합장하여 국내로 모실 수 있기를 기대한 임의 매장이었다.

두 해 뒤, 남편 이석영의 사망 이후 시조카 규홍의 도움으로 노년의 삶을 사셨던 박 씨 부인이 뒤를 따라 눈을 감았다.

박 씨 부인은 국내에서 만석꾼 집안의 안방마님이었다. 그가 가족과 함께 만주로 건너와서는 신흥무관학교 학생들 뒷수발로 10여 년을 보냈고, 이후 천진, 북경, 상해를 흘러 다니는 동안 형편 닿는 대로 독립운동하는 이들의 편의를 돕고자 혼신을 다했다. 살림이 극에 달할 만큼 어려워졌을 때는 끼니를 구하러 이웃들의 가게, 시장, 두부공장을 전전했다고 한다. 그리고 그 독립운동의 와중에 운동에 나선 두 아들을 모두 잃었고, 기어이 남편 이석영을 앞세워 작별했다. 그리고 조카의 도움으로 여생을 살다가 그의 뒤를 따라간 것이다. 그 누구의 독립운동보다 치열하고 헌신적인 운동이었다.

특별히 이석영과 관련된 자료를 찾으며 느낀 바, 100여 년 전 이 땅에 터 잡은 이들이 왜 그토록 여성을 외면했을까, 안타까움을 금할 수 없다. 당장 박 씨 부인을 포함, 수다한 여성들의 헌신과 삶을 무시로 외면한다. 이름도 없고, 기록도 없다. 족보에는 그 간단한 혼인 날짜도 기재하지 않는다. 딸의 생몰, 가족관계를 정확히 적지 않는다. 이은숙 여사의 상용 문구처럼 "가군의 뜻을 좇아" 북풍한설 몰아치는 만주벌판을 지키던 여성들, 항일의 길에 나선 여성들, 가족을 지키고 이웃을 돌본 여성들을 증언하지 않는다. 그래서 세상의 절반, 개개인 삶의 절반이 드러나지 않는다. 어찌 이럴 수 있었을까.

이 부인 별세
고 이석영 씨의 부인께서 상해에 있는 그의 조카 이규홍 군(이시영 씨의 차남)의 댁에 의탁하여 계시다가 노환으로 인하여 본월 11일에 불행히 별세하셨는데 향년이 82세이시다. 그는 말년에 기구한 신세로 지내시다가 종시(終是, 끝내) 이역에서 돌아가셨으니 실로 유한(遺恨, 남은 한)이 많으셨으리라 한다. …
역시 가련한 신세로 돌아가신 이가 그의 가장을 따라 서간도에 와서 영귀(榮貴, 매우 귀중함)하던 몸으로서 친히 독립군의 밥을 지어 먹이고 옷을 지어 입히던 이석영 씨의 부인인 것을 아는 이가 몇이나 되는가?
- 〈한민〉 한국국민당 당보 1936.5.25.

그렇게 두 어른이 두 해를 사이로 나란히 이국땅에서 독립의 그

날을 보지 못한 채 쓸쓸히 물러섰다.

    이석영과 박 씨 부인은 만주로 함께 넘어온 규준과 만주에 와서 얻은 규서 등 두 아들을 모두 잃었다. 국내에 남기고 온 출가한 딸은 형편 때문에 연락조차 할 수 없는 사이였다. 더 이상 그의 행적을 힘껏 증언하고 그의 위대한 결단과 성취를 선양하는 사람도 없게 되었다. 그리고 두 동생의 우람한 독립운동이 조명 받으면서, 그 운동의 후원자로 이 부부의 행적이 소수의 사람들에게만 전해져왔다. 그러하고 말 일인가?

    '황금 보기를 돌같이 하라'는 말이 있다. 재물, 사회적 성취를 좇지 말고 본분과 의로운 뜻을 먼저 살피라는 금언이다. 고려 말의 충신 최영에게 그의 아버지가 당부한 말인데, 최영이 신화화한 만큼 이 말의 무게가 묵중해서 오래도록 세상사 성찰의 기준으로 남아 있게 될 것이다.

    사람이 눈앞의 이익을 외면하기 어렵다. 어렵기 때문에 무겁다. 그래도 지켜야 할 뜻이 있다면, 그 뜻이 의롭고 떳떳한 것이라면 마땅히 먼저 좇을 일이다. 이석영의 삶처럼!

    당대의 걸출한 독립운동가였던 월남 이상재 선생은 일찍이 "해방되면 우당 집안의 재산은 국가에서 되돌려주어야 한다"라고 했다. 만약 되돌려준다면 그 재산의 대부분은 이석영의 것이다. 그는 받을 사람을 남겨두지 않았고, 되돌려 받겠다고 마음먹은 적도 없이 흔쾌히 쓰고 갔다.

우리가 아닌 그 누가 그 삶을 기억하겠는가?

일제강점기 혁신유학자 송상도 선생은 한말, 일제하 명문 유학자들의 약전을 모은 필생의 저서 〈기려수필〉에서 이석영에 대해 이렇게 기록했다.

이석영의 호는 영석(潁石)이다. 임진왜란에 나라를 중흥시킨 공신 백사 선생 이항복의 후손이다. 판서 이유승의 차남으로 백부 이유원의 양자가 되었으니, 이유원은 그 유명한 가오실(嘉吾室) 대신이다.

이석영은 철종 을묘년(1855)에 한성 저동 집에서 태어났고, 을유년(1885)에 문과 급제하여 한림(예문관 검열)과 승지를 지냈다. 갑오년(1894)에 동학난으로 인하여 중국과 일본의 풍운이 조선에서 크게 일어났는데(청일전쟁이 일어났는데), 이로 말미암아 나라의 형세가 크게 변하니, 공(公)은 벼슬길에 뜻이 없어져 마침내 그만두고 돌아가 세상에 나오지 않았다. 경술년(1910) 8월에 한일합방(병탄)을 당하여 조선에서 살고자 하지 않았으니 형제 5인이 가족을 이끌고 창의문 밖 세검정으로 옮겼다. 사람들은 모두 석영 형제들이 이로부터 속세를 떠나 석천주인(石泉主人)이 되었다고 여겼다.

다음해 신해년(1911) 봄, 국경을 넘어 만주 성경성 통화현 합니하에 이르렀다. 동지 이동녕 등과 함께 경학강습소를 세우고, 교육과 산업 병진 계획에 종사하여 독립운동을 하였으나, 일이 끝내 실패하였고 집안은 이 때문에 탕산되었다. 무진년(1928)에 상해 프랑스 조계지 아남배로(亞南培路) 서가고(徐家庫)에 가서 거주하면서 근근히 지냈으나 또 거듭 참변을 당했다. 나라가 깨지고 집안이 망하니 울화가 고질이 되어, 계유년(1933)에는 병으로 하혈을 하였고, 갑술년(1934) 봄 끝내 일어나지 못하고 돌아가니 향년 80세였다.

그 때 동생 시영은 항주에 있었고, 호영은 북평에 있어 모두 독립운동으로 집에 있지 않았다. 장례는 다만 부인 박 씨가 공의 친구들 부조를 얻어 홍교 공동묘지에 겨우 장사지냈다. 공이 독립운동을 위해 남과 북, 만주와 호녕(滬寧, 후닝, 상해-남경)을 떠돌아다닌 것이 모두 24년이었다. …

옛날 임진년의 난리를 살펴보니, 백사 선생은 나라를 보좌하여 중흥을 이루었고, 석영은 곧 그 후예인데, 불행히도 경술년에 종묘제사를 끝내 지낼 수 없게 되었다. 이때를 당하여 모두들 임금을 버려두고 부모를 제쳐놓는 일이 다반사로 있었고, 원수를 섬기고 도적에게 아첨하여 살 수 있었다. 충효라는 것이 어떻게 생긴 것인지는 모르겠으나, 생각건대 석영 등 형제 5인은 그 분한 마음을 이기지 못하고 대한 독립에 뜻을 두어 가족을 이끌고 만주에 가서 독립운동을 하다가 죽고 나서야 그쳤다. 이로써 보건대, 충효 두 글자는 그 집안에 대대로 내려오는 보물이 아니었겠는가?

공이 삼가 독립을 생각하건대, 스스로 필부로써 일은 큰데 힘이 약하니 참으로 쉽게 일을 이룰 수 없다고 여겨서 해외에서 여러 해를 보냈다. 그가 나라를 위하여 힘을 다한 것은 제갈량에 비할 만하나, 그가 죽기 전에는 오히려 족한이 건재하였다. 공이 만고의 큰 도리를 밝히고, 천주의 대의를 붙든 것을 생각하면 또한 충분히 천하에 할 말이 있을 것이다.*

참고자료

〈책〉

서간도 시종기(西間島始終記) / 이은숙 / 일조각

우당 이회영 약전 / 이정규, 이관직 / 을유문화사

운명의 여진 / 이규창 / 보련각

아직도 내 귀엔 서간도 바람소리가 / 허은 구술, 변창애 기록 / 민족문제연구소

100년 만의 만남 신흥무관학교 / 국가보훈처

신흥무관학교 / 안천 / 교육과학사

자유를 위해 투쟁한 아나키스트 이회영 / 김명섭 / 역사공간

우당 이회영 한번의 죽음으로 천년을 살다 / 김태빈, 전희경 / 도서출판 레드우드

이회영, 내 것을 버려 모두를 구하다 / 김은식 글, 김호민 그림 / 봄나무

이회영 평전 / 김삼웅 / 책보세

보수주의자의 삶과 죽음 / 사람으로 읽는 한국사기획위원회 / 동녘

사건과 인물로 본 임시정부 100년 / 문영숙, 김월배 / 서울셀렉션

미래를 여는 한국의 역사 / 웅진지식하우스

한국민족운동사 자료 총서 / 경원문화사

한국독립운동사 / 문일민 / 애국동지원호회

〈논문〉

이석영 선생의 재산과 독립운동 / 왕현종

이석영의 독립운동과 그에 대한 추모 / 이재호

남양주 거부 이석영, 청산리대첩 산실 만든 무장독립운동의 큰 별 / 황호택

이석영의 독립투쟁과 고뇌 / 허성관

밭 갈고 농사지으면서 배우고 독립투쟁에 나선 선각자들이 있다 / 허성관

왜 지금 신흥무관학교를 기억해야 하나 / 서중석

민족운동사에서 차지하는 신흥무관학교의 위상 / 서중석

1910년대 독립군기지 건설운동과 신흥무관학교 / 윤경로

대한민국 국군의 창설과 신흥무관학교의 정통성 계승 / 한용원

해방 이후 신흥무관학교 부흥운동과 이시영 / 이계영

1920년 청산리대첩과 신흥무관학교 / 박성순

〈웹사이트〉

한국고전번역원 한국고전종합DB db.itkc.or.kr

국사편찬위원회 한국사데이터베이스 db.history.go.kr

이석영 연보

우당기념사업회 제공

1855년(철종 6년)	12월 3일 출생, 서울 저동, 이조참판 이유승의 차남
1875년(고종12년)	21세 7월 30일 부인 동래 정씨 사망
1885년(고종 22년)	31세 1월 10일, 귤산 이유원이 양자로 삼겠다고 상소를 올려, 고종 윤허
	5월 22일 유생분제강에 입격
	9월 15일 증광별시 문무과 급제
	9월 20일 가주서로 관직 시작
1886년(고종 23년)	32세 12월 1일 검열 및 기사관으로
1887년(고종 24년)	33세 3월 9일 별겸춘추 및 전적
	5월 25일 친군해방영 영사
	6월 29일 문신 겸 선전관
	7월 19일 동학교수
	8월 16일 부수찬
	12월 28일 부교리
1888년(고종 25년)	34세 1월 1일 선교관
	1월 24일 이조참의
	2월 10일 예조참의
	7월 30일 동부승지
	9월 5일 양부 이유원 별세, 이후 3년상, 관직 공백
	11월 23일 부호군

1891년(고종 28년)	37세 3월 16일 형조참의
	9월 1일 동부승지
	9월 10일 우부승지
	10월 1일 좌부승지
	12월 14일 참찬관
1894년(고종 31년)	40세 2월 15일 승지
1896년(고종 32년)	42세 장자 이규준 5월 14일 출생
	홍엽정에 청년들을 위한 신학문 학습소 개설
1897년(고종 33년)	친제 이회영의 풍덕군 삼포원과 양삼 기술학교에 투자
1898년(고종 35년)	44세 윤 3월 10일 비서원승
1899년(고종 36년)	45세 친모 동래 정씨 별세
1903년(고종 40년)	49세 8월 17일 정삼품 중추원의관
	9월 20일 종이품 비서승
1904년(고종 41년)	50세 3월 14일 장예원소경
1906년(고종 43년)	52세 친부 이유승 별세
1910년	56세 12월 망명
1911년	57세 길림성 유하현 삼원보 추가가에 임시청사 신흥강습소 개교
1912년	58세 길림성 통화현 합니하 신교사 개축에 투자
	58세 차남 규서 출생
1913년	59세 환인현 보락보진에 동창학교 분교인 노학당 건립
	10월 마적에게 납치되어 5일 만에 풀려남

1913~1920년	민족교육기관 설립 지원
1918년	64세 일제 요시찰인물 명단에 포함, 감시 당함
1920년	66세 신흥무관학교 폐교
	경신참변을 피하여 봉천(현 심양)으로 피신
1922년	68세 봉천에서 천진 장남 규준 집으로 이거
1925년	3월 71세 밀정 김달하 암살 사건(장남 규준 참여)
1926년	9월 72세 천진에서 북경 이회영 댁으로 이사
1928년	74세 장남 이규준(31세) 상해에서 활동
1931년	77세 차남 이규서, 연충렬 등과 한인청년당 조직
1932년	78세 신병 치료차 귀국 치료 후 금강산 관광 위장, 상해로 재망명
	10월 동생 이회영, 일제 경찰에 의해 사망
1933년	79세 차남 이규서(21세) 행방불명
1934년	2월 28일 80세 상해에서 사망
	상해 홍교 공동묘지 안장
1936년	5월 11일 부인 박 씨, 이규홍의 집에서 사망
1991년	건국훈장 애국장 수훈
2008년	장남 이규준, 건국훈장 애족장 수훈

시대 인물록

(수록 순서는 무순입니다.)

〈가족관계〉

이유승(1835년~1907년)
조선 고종 때의 문신이자 서예가. 이항복의 9대손이며 이계선의 아들이다. 대한민국 초대 부통령인 이시영의 아버지이기도 하다. 여러 벼슬을 거쳐 대호군으로 재직하며 1894년 교정청의 당상이 되었고, 이후 이조판서에 올랐다.

이유원(1814년~1888년)
조선 말기의 문신. 고종 때 영의정에 올랐으나 흥선대원군과 반목 후 좌천되었다. 흥선대원군의 실각 후에 다시 영의정에 올랐다. 1882년 전권대신으로서 일본의 요시타다와 제물포조약에 조인했다.

이항복(1556년~1618년)
조선 중기의 문신이자 학자. 이덕형과의 우정으로 '오성과 한음의 일화'가 유명하다. 좌의정, 영의정을 지냈고 임진왜란 시에는 선조의 신임을 받았다. 전란 후에는 수습책에 힘썼다.

이건영(1853년~1940년)
한국의 독립운동가. 여섯 형제 중 첫째다. 1888년 과거에 합격해서 익위사(세자 경호 지휘) 등의 관직을 역임하다가 만주에 망명, 독립운동을 도왔다. 1920년 이후 환국해서 개성 인근 장단에 살며 집안을 건사하였다. 해방을 보지 못하고 죽었다.

이철영(1863년~1925년)
조선 말기 학자이자 항일운동가. 여섯 형제 중 셋째다. 구한말 참봉 등의 관직을 맡아 일했다. 이석영을 대신해서 신흥무관학교 교장 등을 역임했다. 1920년 이후 환국해서 병사했다.

이회영(1867년~1932년)
일제강점기에 활동한 독립운동가. 여섯 형제 중 넷째다. 형제들과 일가족이 전 재산을 팔아 만주로 망명하여 항일 독립운동을 펼쳤다. 신흥무관학교를 설립하여 독립군을 양성하였고 서전서숙, 신민회, 헤이그 밀사, 고종의 망명, 의열단 등의 항일운동에 관여하였다. 1962년 건국훈장 독립장이 추서되었다.

이시영(1869년~1953년)
독립운동가이자 정치가. 여섯 형제 중 다섯째다. 만주 신흥강습소를 설립하여 독립군 양성에 힘썼다. 임시정부, 한국독립당에 참가하였고 1948년 초대 부통령에 당선되었다. 1949년 건국훈장 대한민국장이 추서되었다.

이호영(1875년~1933년)
독립운동가. 이석영 일가 여섯 형제 중 막내다. 신흥무관학교 재무로 활동하였고 중국 북경에서 북경한교동지회를 조직하였으며 다물단 단원으로 친일 조선인 처단 의거에도 참여하였다. 1926년에는 중국 국민군으로부터 받은 자금과 폭탄을 다물단에 지원하기도 하였다. 2012년 건국훈장 애족장이 추서되었다.

이은숙(1889년~1979년)
충남 공주 출생. 선친의 뜻을 따라 자신보다 스물한 살이 많은 우당 이회영과 혼인했다. 1908년 상동교회에서 올린 최초의 신식결혼식으로 세간의 주목을 받았다. 일가 식솔과 만주로 망명해서 서간도 생활을 함께 했다. 1925년 아들과 함께 환국해서 독립운동 자금을 만들어 보냈다. 말년에 서간도 생활 등을 담은 필생의 저술 〈민족운동가 아내의 수기-서간도 시종기〉를 출간했고, 이 책으로 1975년 제1회 월봉저작상을 수상했다.

이규창(1913년~2005년)

독립운동가. 이회영의 아들이다. 만주에서 나고 자랐으며 북경과 상해에서 활동했다. 주중 공사 아리요시 암살계획에 참여했고 친일 앞잡이 이용로를 사살했다. 이 일로 해방되기까지 11년 동안 수감생활을 겪었다. 군자금 모금에도 힘썼다. 1968년 건국훈장 독립장이 추서되었다. 노년에 독립운동 중 보고 겪은 이야기를 엮은 〈운명의 여진〉을 출간했다.

이규룡(1887년~1955년)

일제강점기 만주에서 활동한 독립운동가. 이회영의 아들이다. 한인 자치기관인 경학사에서 서무를 맡아 농업개발과 이주 교민들의 정착을 위하여 노력했다. 무관학교인 신흥강습소에서 교사로 근무하면서 독립군 양성에 힘썼다. 1990년 건국훈장 애국장이 추서되었다.

이규학(1896년~1973년)

이회영의 아들이다. 일제강점기의 임시정부 계열 독립운동가이다. 사촌 이규준과 함께 밀정 암살에 가담했다.

이규봉(1889년~1963년)

이시영의 아들이다. 일제강점기의 독립운동가이다. 신흥무관학교에서 교관으로 근무하면서 독립군 양성에 힘썼다.

이규훈(1896년~1950년)

이건영의 아들이다. 만주에서 독립운동을 한 뒤 귀국하였고 대한민국 공군 대위로 복무하며 한국전쟁에 참전하였으나 실종되었다.

이규준(1899년~1928년)
독립운동가. 이석영의 장남이다. 신흥학우단을 중심으로 행동조직 다물단을 조직하였으며 일제의 밀정인 김달하, 박용만 등을 암살하는 공작에 참여했다.

이규서(1912년~1933년)
이석영의 차남이다. 상해한인청년당 조직 활동 등에 참여했다. 숙부인 이회영을 일본 경찰에 밀고하여 체포당하게 한 죄목으로 독립운동가들에 의해 처형당했다.

〈 외교관계 〉

리훙장(李鴻章, 1823년~1901년)
청 말기의 한족계 정치가. 부국강병을 위한 양무운동을 주도했다. 태평천국의 난 이후 정계의 실력자로 등장하였으나 청일전쟁을 계기로 실각하였다.

원세개(袁世凱 위안스카이, 1859년~1916년)
중국 청나라 말기의 무관이자 군인이다. 청나라 말기에서 신해혁명 직후까지 중국 정치사에서 중요한 인물이었다. 나중에 중화제국의 황제가 되었다.

하야시 곤스케(林権助, 1860년~1939년)
일본의 외교관. 남작. 동경대에서 공부하고 1880년대부터 조선병탄을 추진하는 일본 외교의 앞장에서 일했다. 인천주재 부영사를 시작으로 영사, 주한공사 등을 역임했다. 1904년 1월 러일전쟁 중에 한일협정서를 조인하는 데 관여하였고, 1905년 한일협약(을사늑약)이 그의 주도로 이루어졌다.

무토오 노부요시(武藤信義, 1868년~1933년)
일본 육군의 군인이다. 청일전쟁에 보병 제24연대장으로 참전하였고 러일전쟁에선 압록강 전투에서의 승리를 인정받아 압록강군 참모가 되었다. 이후 관동군 사령관과 만주국 대사를 지냈다.

〈인척·기록자〉

이관직(1882년~1972년)
독립운동가. 1900년 육군 무관학교 보병과에 입학하여 1903년 졸업했다. 이후 군대 해산 때까지 대한제국 육군 장교로 복무했다. 1907년 신민회 회원으로 활동하며 구국 계몽운동을 전개하였다. 1911년 이회영 등이 만주에 신흥강습소를 설립하자 군사교관으로 참여하였다. 1912년 가을 국내로 파견되어 군자금 모금 활동을 하였고 오랫동안 이회영을 도와 독립운동을 전개하였다. 〈이회영 약전〉을 썼다. 1990년 건국훈장 독립장이 추서되었다.

허 은(1907년~1997년)
의병장 허위 선생 손녀이며 석주 이상룡 선생의 손부로 아홉 살에 만주로 망명하는 가족을 따라 경북 구미에서 서간도로 이주했다. 그곳에서 석주 이상룡 선생의 손자 이병화 님과 결혼했다. 1932년 시조부 석주 이상룡 선생의 서거로 귀국한 후, 안동의 '임청각'을 지켰다. 한국전쟁 중 남편을 여의었고, 그후 일곱 명의 자식을 키웠다. 말년에 독립운동에 나선 가족들의 서간도 생활과 이후 고단했던 생애사를 〈아직도 내 귀엔 서간도 바람소리가〉 책자로 기록했다(구술, 기록 변창애).

정정화(1900년~1991년)
수원 유수를 지낸 정주영의 2남 4녀 중 셋째 딸. 1910년 열한 살 때 고종의 인척이었던 김가진의 아들 김의한과 결혼했다. 신랑이 신학문을 배우고 개화·반일사상을 익히는 동안 뜻을 함께 나누었다. 3·1 운동 직후 김가진, 김의한이 독립운동을 위해 상해로 망명하자, 이듬해 뒤를 따라 망명했다. 이후 1920년대 내내 임시정부를 후원하는 독립운동 자금 모금을 위해 십여 차례 국내와 상해를 오가며 활동했다. 해방에 이르기까지 임시정부를 지켰고, 해방후에는 김구의 한독당에 함께했다. 부통령 이시영이 감찰위원에 추천했으나 직을 사양했고, 공직에 나서지 않았다. 후일 30년대 중반 이후 고난의 시기 임시정부 활동 등을 담은 <장강일기>를 기록했다. 임시정부기념사업회 이사장 김자동이 그녀의 아들이다. 1982년 건국훈장 애족장이 추서되었다.

원병상(1895년~1973년)

1911년 8월 유하현 삼원포 추가가에 위치한 신흥강습소에 1기로 입소하였고 신흥무관학교 졸업생들 모임인 신흥학우회 활동에 함께했다. 1919년 3·1 운동 직후부터 1920년 8월 신흥무관학교가 폐교될 때까지 교관으로 활동했다. 이후 유하현 노두납자(老頭拉子)에서 소학교를 설립하여 민족교육사업에 힘썼다. 해방 후 귀국하여 1949년 육군 소위로 임관하였고(육사특별8기 제2반) 한국전쟁에 참전하였으며 1956년 62세의 나이로 대령으로 예편했다. 경험을 토대로 〈한국독립운동사 자료집〉에 신흥무관학교 시절에 대한 회고, 학교의 실제 운영 등을 기록으로 남겼다.

정인보(1893년~1950년)

한학자이자 한민족이 주체가 되는 역사체계 수립에 노력한 역사학자다. 신흥무관학교 교사로 일했다. 저서로 〈조선사연구〉, 〈양명학 연론〉이 있다. 일제가 날조한 우리의 역사 속에 흐르는 '얼'을 강조하는 '얼 사상'을 주창했다. 중국에서 비밀결사를 조직하여 활동하기도 했다. 1990년 건국훈장 독립장이 추서되었다.

송상도(1871년~1946년)

학자이자 애국지사이며 사학을 연구하였다. 〈조선왕조사〉 편찬을 위해 자료를 수집했으며, 독립운동사 연구에 필수적인 〈기려수필〉을 저술했다.

〈근대 인물〉

홍순목(1816년~1884년)
조선 후기의 문신. 수구당 강경파의 거두로 대원군의 쇄국정책을 지지하였다. 예조판서를 역임하고 우의정에 올랐다. 미국공사와 로저스 제독이 통상교섭을 요구하자 척화를 강하게 주장, 대항케 하였다.

강 로(1809년~1887년)
조선 말기의 문신. 흥선대원군에게 발탁되어 병조판서와 좌의정을 지냈다. 대원군 탄핵 상소를 올린 최익현을 두둔하다가 파직되었다.

한계원(1814년~1882년)
조선 후기의 문신. 흥선대원군의 신임을 얻어 우의정까지 지냈다. 흥선대원군이 실각한 후 민 씨 세력과 수구당, 개화파에 밀려 물러났으나 이후, 고종의 각별한 신임으로 판중추부사와 영중추부사를 지냈다.

최익현(1833년~1906년)
항일운동가. 위정척사론을 실천한 최고령 의병장이었다. 최익현의 우국애민의 정신과 위정척사사상은 항일의병운동과 일제강점기 민족운동·독립운동의 지도이념으로 계승되었다.

박규수(1807년~1877년)
연암 박지원의 손자로 영·정조 시대의 실학을 계승하였고 개화파 형성에 결정적 역할을 하였다. 실학과 개화사상을 연결한 근대의 가교자라는 평가를 받고 있다.

김옥균(1851년~1894년)
정치인이자 개화운동가였다. 근대적 개혁 운동인 갑신정변을 주도하였다. 그의 사상에는 문벌 폐지, 인민 평등 등 근대사상을 기초로 하는 혁명적 의도가 있었다.

박제순(1858년~1916년)
조선의 문신. 친일반민족행위자. 일제강점기에 자작의 작위를 받았으며 을사늑약과 한일병합조약에 서명한 대표적인 매국노의 한 사람으로 사후 오랫동안 지탄을 받아왔다.

이재순(1851년~1904년)
조선 말의 정치가. 철종의 조카로 형조판서와 예조판서를 지냈다. 친일정권에 포위되어 불안에 떨고 있는 국왕을 궁 밖으로 모시고 나와 친일정권을 타도하고 새 정권을 수립하고자 '춘생문 사건'을 일으켰다.

정인흥(1852년~1924년)
조선 말기의 문신. 친일반민족행위자. 조선총독부 판사를 지낸 정준모의 아버지다. 법무아문참의·법부민사국장·법부법률기초위원장·법부협판 등을 지내며 법률의 개정에 주력하였다.

서상훈(1858년~1943년)
조선 말기의 문신. 친일반민족행위자. 일제강점기에 조선총독부 중추원 참의를 지내며 일제 지배정책에 협력했다.

〈독립운동가〉

이상설(1871년~1917년)
조선(대한제국)의 문신이자 일제강점기의 독립운동가. 어렸을 적부터 이회영과 함께 자랐고, 이회영이 나이가 어린 이상설을 좋아하고 따랐다 한다. 을사늑약을 파기하기 위해 헤이그국제평화회의에 이준, 이범진 등과 참석하여 러시아 황제와 외무대신을 만나 고종의 친서를 전달하였다. 1962년 건국훈장 대통령장이 추서되었다.

이 준(1859년~1907년)
구한말의 검사이자 외교관. 헤이그특사단의 부사가 되어 국제평화회의 의장에게 고종의 친서와 신임장을 전하였으나 일본 대표와 영국 대표의 방해로 성공하지 못하였다. 이에 격분한 이준은 통분을 누르지 못하고 헤이그에서 순국하였다. 1962년 건국훈장 대한민국장이 추서되었다.

이동휘(1873년~1935년)
대한제국의 군인, 정치가이자 사회주의 계열 독립운동가. 구한말 애국계몽 운동과 의병운동을 이끌었고 기독교 전도사로 활동하기도 했다. 1918년에 아시아 최초의 사회주의 정당인 한인사회당을 창당하였다. 1919년 임시정부의 국무총리를 역임했다. 1995년 건국훈장 대통령장이 추서되었다.

이동녕(1869년~1940년)
임시정부의 국무령과 주석을 지냈으며 국무총리, 대통령 직무대리, 국무위원, 임시의정원 의장 등으로 활동했다. 신흥무관학교를 설립하고 초대 교장을 역임하였다. 1962년 건국훈장 대통령장이 추서되었다.

여 준(1862년~1932년)

오산학교에서 교육자로 활동하다 간도로 망명하여 서전서숙을 세웠다. 1913년 신흥무관학교 교장으로 독립군 양성에 힘썼다. 남만주 교포 이름으로 만국평화회의에 한국독립청원서를 제출하였으며, 한족회 간부로 활동하는 한편 서로군정서를 설립하였다. 1968년 건국훈장 독립장이 추서되었다.

신채호(1880년~1936년)

독립운동가이자 민족주의 사학자이며 사회주의자다. 언론 계몽운동을 하다 망명, 1919년 임시정부에 참여하였으나 공산주의에 대한 견해 차이로 임시정부를 탈퇴, 국민대표자회의 소집과 무정부주의 단체에 가담하여 활동했으며, 사서 연구에 몰두하기도 했다. 1962년 건국훈장 대통령장이 추서되었다.

노백린(1875년~1926년)

군인, 계몽사상가이자 독립운동가, 비행사다. 1914년 미국 캘리포니아로 망명하여 항공학교를 설립하고 비행사를 양성하였다. 임시정부의 각료로 활동하며 교통총장, 군무총장, 국무총리 대리, 국무총리 등을 역임했다. 1962년 건국훈장 대통령장이 추서되었다.

남궁억(1863년~1939년)

영어학교를 졸업하고 고종의 통역관이 되어 관직에 나갔으며, 경성부 내의 도로 정비와 도시 계획을 주도하였다. 그 뒤 개화·계몽 운동을 추진하며 관직에 있었으나 1905년 을사늑약으로 사퇴하고 계몽·교육 활동에 전념하였다. 1962년 대통령 표창, 1977년 건국훈장 국민장이 추서되었다.

최남선(1890년~1957년)

국비유학생으로 일본에 유학하였고 이광수와 함께 〈소년〉, 〈청춘〉을 창간하는 등 시인, 언론인으로 독립 의식 고취에 공을 세웠으며 3·1 운동 당시 민족대표 49인의 한 사람으로 참여하였다. 이후 친일로 전향하여 논란이 되었다.

양기탁(1871년~1938년)
독립운동가이자 언론인이다. 독립협회와 만민공동회에서 활약하였으며 일간지 〈대한매일신보〉와 영문판 신문 〈코리아 데일리 뉴스〉를 발행하였고, 임시정부 국무위원을 지냈다. 1962년 건국훈장 대통령장이 추서되었다.

주시경(1876년~1914년)
배재학당 재학 중 알게 된 서재필이 독립신문을 창간하자 교보원으로 발탁되었다. 이후 순 한글 신문을 제작하기 위해 한글 표기법 연구에 열중했다. 기자, 강사, 교원으로 일하며 민족정신을 고양하였고 계몽운동, 국어운동, 국어연구 등에 크게 이바지하였다.

이상재(1850년~1927년)
개화파 정치인. 대한제국의 미국공사관 서기관과 조선교육협회 회장을 역임했다. 민립 대학 설립 운동을 주도했으며, 1923년 지금의 보이스카우트 전신 격인 소년연합척후대의 초대 총재를 지냈다. 1962년 건국훈장 대통령장이 추서되었다.

이승만(1875년~1965년)
배재학당에서 수학하였고 독립협회, 만민공동회, YMCA에서 활동하였다. 임시정부의 초대 대통령을 역임했다. 주로 미국에 머물면서 독립운동을 전개했다. 1960년 3·15 부정선거로 4·19 혁명이 일어나자 대통령직에서 하야하였다.

김 구(1876년~1949년)
높은 인지도와 영향력을 가진 정치인으로 상해에서 임시정부 수립에 참여했다. 신민회와 한인애국단 등에서 활약하였고 이봉창 의거와 윤봉길 의거를 지휘하였다. 임시정부 주석을 지냈으나 광복 후 암살당했다. 1962년 건국훈장 대한민국장이 추서되었다.

이위종(1884년~미상)
페테르스부르크 주재 한국공사관 참사관인 아버지와 생활하던 중 1905년 을사늑약에 의해 외교권이 박탈되면서 비공식 외교활동을 전개하였다. 헤이그국제평화회의에 고종이 파견한 3명의 특사 중 한 사람이다. 1962년 건국훈장 대통령장이 추서되었다.

안창호(1878년~1938년)
1897년 독립협회에 가입하였고 1907년 신민회를 조직했으며 1913년 샌프란시스코에서 흥사단을 결성하였다. 1926년 2월 상해로 돌아와 대독립당을 결성하였다. 1932년 4월 윤봉길 의사의 폭탄투척 사건으로 체포되었다. 1962년 건국훈장 대한민국장이 추서되었다.

전덕기(1875년~1914년)
스크랜턴이 설립한 상동감리교회의 전도사와 목사를 역임한 독립운동가이다. 독립협회, 을사늑약 반대시위, 헤이그 특사 파견, 신민회를 이끌었다. 1962년 건국훈장 독립장이 추서되었다.

이 갑(1877년~1917년)
기독교적 환경에서 성장하여 상동감리교회 상동청년회에서 청년운동에 전념했다. 이후 일본에 유학하여 일본 육사를 졸업했다. 을사늑약 이후 신민회에 참여하였고, 만주와 러시아에서 독립운동을 전개하였다. 1962년 건국훈장 독립장이 추서되었다.

조성환(1875년~1948년)
신민회를 조직해 항일구국운동에 투신한 후 만주와 연해주로 망명하였다. 임시정부 간부로 독립군 양성에 헌신하였다. 임시정부 국무위원 겸 군무총장을 역임하며 군사 관계를 담당했으며 한국 광복군 창설에도 이바지했다. 1962년 건국훈장 대통령장이 추서되었다.

장유순(1877년~1952년)
독립운동가이자 대종교 지도자. 을사늑약 체결 후 서울에서 독립운동에 참여하였다. 1911년 만주로 건너가 상업에 종사하며 독립운동자금을 모금하였다. 1923년 대종교(大倧敎)에 입교하였다.

한용운(1879년~1944년)
시인, 승려, 독립운동가. 불교사회개혁론을 주장했으며, 3·1 운동 때의 민족대표 33인의 한 사람이다. 옥중에서 '조선 독립의 서(朝鮮獨立之書)'를 지어 조선의 독립과 자유를 주장하였다. 1962년 건국훈장 대한민국장이 추서되었다.

이건승(1858년~1924년)
조선 말기의 양명학자이자 우국지사. 강화도에 계명의숙을 설립하고 교육을 통한 구국운동을 전개했다. 일제 합병 후 정원하를 따라 만주로 망명했다.

홍승헌(1854년~1914년)
조선 말기의 문신. 독립운동가. 참의내무부사, 대사헌, 궁내부특진관 등을 역임하였고, 1910년 만주로 망명해 독립운동에 참여했다.

이선구(1856년~1922년)
을미사변과 단발령 시행 후 전국에서 의병 활동이 전개되었을 때, 경북 안동에서 결성된 선성의진의 서기를 맡아 의병 활동에 적극적으로 가담하였다. 2005년 건국포장이 추서되었다.

이상룡(1858년~1932년)
이석영 가문과 함께 대표적인 항일운동 가문 출신이다. 애국계몽 운동을 전개하다 만주로 망명해 경학사와 신흥강습소 설립에 참여했다. 서로군정서의 독판(督辦)과 임시정부 초대 국무령을 지냈다. 1962년 건국훈장 독립장이 추서되었다.

김대락(1845년~1914년)
계몽운동가이자 민족운동가로 협동학교 교장을 지냈다. 국권 피탈 후 일가를 거느리고 만주로 망명해 매부 이상룡 등과 함께 신흥강습소 건립에 참여하였다. 1990년 건국훈장 애족장이 추서되었다.

김동삼(1878년~1937년)
대한제국의 군인 겸 정치가이자 독립운동가. 협동학교를 설립해 계몽 운동을 벌이다 1911년 만주로 망명해 경학사와 신흥강습소를 설립하는 데 참여했다. 무오독립선언의 39인 대표 중 한 사람이다. 1962년 건국공로훈장 대통령장이 추서되었다.

조정구(趙鼎九, 1860년~1926년)
이조판서 조봉하의 손자이며 조동석의 아들, 흥선대원군의 사위다. 부승지, 부제학, 대사성, 이조참의, 규장각직제학, 예조참판 등의 직책을 역임하였다. 한일 강제병합 이후에 일제가 내린 남작의 직위를 거부하였으며, 자결을 기도하기도 하였다. 3·1운동 직전 중국으로 망명, 재중 생활 중 차남의 사망 소식을 듣고 귀국하였으며, 이후 봉선사에서 지냈다.
아들 조남승과 조남익이 있다. 딸 조계진은 독립운동가 이회영의 아들 규학과 혼인하여 이종찬(李鍾贊)을 낳았다. 증조부 조병현(趙秉鉉)은 홍문관 대제학과 이조판서를 역임하였다. 순종이 죽기 전에 한 유언을 구술받아서 〈신한민보〉에 공개한 장본인이기도 하다.

이청천(1888년~1957년)
독립운동가이자 군인이자 정치인. 만주에서 독립군 활동을 지휘하다가 임시정부의 광복군 창설에 참여하여 광복군 총사령관을 역임하였다. 정부 수립 이후에는 국회의원과 장관을 지냈다. 1962년 건국훈장 대통령장이 추서되었다.

김경천(1888년~1942년)

독립운동가. 일본 육사를 졸업한 장교 출신으로 해외로 망명해 무장 독립운동을 벌였다. 대한독립청년단에서 활동했고 신흥무관학교에서 교관으로 근무했다. 별칭은 '조선의 나폴레옹', 만주와 연해주 일대에서 '백마 탄 김장군'으로 유명했다. 1998년 건국훈장 대통령장이 추서되었다.

이범석(1900년~1972년)

독립운동가 겸 군인이자 정치가. 신흥무관학교와 북로군정서 등지에서 항일독립활동을 펼쳤으며 청산리 전투에 참전했다. 광복군 참모장과 제2지대장 등을 지냈다. 광복 후 반공주의 정치 활동을 하였고, 국무총리를 역임하였다. 1963년 건국훈장 대통령장이 추서되었다.

김성로(1885년~1922년)

안동시 임하면 천전리 내앞마을 출생. 어린 시절 협동학교에서 신식교육을 통해 새로운 문물을 배우며 민족문제에 눈을 떴다. 집안의 아저씨이자 스승인 김동삼의 영향을 받아 1912년 만 27세에 만주로 망명하여 신흥강습소 운영에 참여했다. 아버지의 병환으로 귀국하였다가 1919년 다시 만주로 망명하여 한족회 중앙행정부인 정무청의 본부 일을 담당하는 서무과장을 역임했다. 그 후 국내로 잠입하여 군자금 모집을 하던 중 체포되어 옥고를 치르다가 1922년 4월 30일 평양감옥에서 순국하였다. 당시 그의 나이 만 37세. 죽음의 원인은 고문 후유증과 혹독한 감옥살이였다(김희곤 저 〈독립운동가 일산 김성로의 삶과 기록〉 설명 인용).

안사영(1980년~미상)

1917년 세브란스연합의학전문학교 졸업 후 독립운동에 참여하기 위해 만주로 이주하여 무장독립운동단체인 한족회에 가입하였다. 신흥무관학교 의무감과 신제병원 원장을 역임했다.

김좌진(1889년~1930년)

대한제국 육군무관학교 졸업 후 애국계몽 운동을 전개하다 만주로 건너가 독립군 총사령관이 되었다. 청산리 전투에서 일본군을 격파했다. 김동삼, 오동진과 3대 맹장으로 불렸다. 1962년 건국훈장 대한민국장이 추서되었다.

김규식(1881년~1950년)

선교사 언더우드의 지원으로 일찍 서양문물을 접하였고, 평생 정치·외교·독립운동에 헌신하였다. 미국 유학 후 귀국하여 외교 무대에서 활약하였으며, 임시정부 부주석을 지냈다. 1948년 김구, 조소앙 등과 함께 남북협상에 참여하였다. 한국전쟁 중 납북되어 병사했다. 1989년 건국훈장 대한민국장이 추서되었다.

서 일(1881년~1921년)

함경북도 경성에서 사범학교를 졸업하고 교육 구국 사업에 종사하였다. 만주 지역을 거점으로 항일 무장 항쟁을 기도하였다. 1919년 김좌진 등과 함께 대한독립선언서를 발표하였고, 북로군정서 총재를 맡았다. 1962년 건국훈장 독립장이 추서되었다.

홍범도(1868년~1943년)

1907년 의병을 일으켜 유격전을 펼치다 만주로 건너가 독립군 양성에 힘썼다. 독립군 통합운동을 벌여 대한독립군단을 조직하여 김좌진과 함께 부총재가 되었다. 1920년 봉오동 전투에서 전과를 올렸고 청산리대첩에서 김좌진의 북로군정서군과 함께 일본군을 대파하였다. 1963년 건국훈장 대통령장이 추서되었다.

김원봉(1898년~미상)

1919년 의열단을 조직했으며, 중국 황푸군관학교를 거쳐 조선의용대를 조직하였다. 광복군 부사령관 겸 제1지대장으로 활동하였고, 임시정부 군무부장에 선출됐다. 1948년 남북협상 때 북한에 남아 고위직을 두루 거쳤으나 1958년 숙청되었다.

김창숙(1879년~1962년)
일제강점기의 유림 대표로 독립운동을 주관하였고, 임시정부 부의장으로 활동하였으며, 광복 후 유도회(儒道會)를 조직, 재단법인 성균관대학교를 창립하여 초대 학장으로 교육에 힘썼다. 1962년 건국훈장 대통령장이 추서되었다.

윤봉길(1908년~1932년)
청년 시절 농촌계몽 활동에 뜻을 두었고, 만주로 망명해 김구를 만나 한인애국단에 가입했다. 1932년 상해 홍구공원에서 일본군 수뇌부에 폭탄을 투척하여 체포되어 그해 군법회의에서 사형선고를 받고 처형되었다. 1962년 건국훈장 대한민국장이 추서되었다.

이봉창(1901년~1932년)
일본에서 상인 등으로 활동하다가 임시정부가 있는 상해로 건너가 김구를 만나 한인애국단원이 되었다. 1932년 동경에서 일왕을 폭탄으로 저격하려 했으나 실패하고 1932년 처형되었다. 1962년 건국훈장 대통령장이 추서되었다.

〈밀정〉

김달하
평북 의주 출신의 일제 밀정이다. 만주와 중국에서 독립운동가들에게 접근하여 정보를 빼돌리거나 밀고하는 등 반민족행위를 일삼았다. 김창숙과 이회영 등에 접근하려다 밀정임이 드러났다. 1925년 3월 30일 박용만의 귀순 공작을 시도한 혐의로 다물단과 의열단에 의해 피살됐다.

연충렬
독립운동가 엄항섭의 처조카였다. 1930년 이석영의 차남 이규서 등과 함께 상해한인청년당을 조직하는 데 앞장섰고, 이규서를 이끌었다. 독립운동 단체에서 얻은 정보를 일본 영사관에 넘겨주기를 거듭했고, 이회영의 만주행 정보를 일제 경찰에 넘긴 주역으로 지목되었다. 1933년 초 남화연맹 백정기 등에 의해 피살되었다.

저자 후기

 이 책은 독립운동가 이석영 선생의 잊힌 발자취를 되살리고 선생의 뜻을 기억하고 기리는 선양사업에 관심을 가진 (협)은빛기획이 필자에게 선생의 삶 기록작업을 의뢰하여 시작되었다. 귀한 삶, 높은 뜻을 새기려는 문제의식을 갖고 맡겨준 기업에 감사한다.

 그로부터 선생의 기록을 모으고 기록의 행간을 채워 비록 부족하지만, 이 정도의 약전을 독자들에게 펼쳐 보일 수 있게 되었다. 필자 자신이 전문연구자가 아니며 선행 지식도 일천한지라 자료를 모으고 공부하며 이 책을 썼다. 그래서 연구자들의 눈에 크게 미흡할 수밖에 없을 것이다. 그래도 이 정도의 기록이 새로운 시작이 될 것이라고 위안을 삼는다. 연구자들이 부족한 부분을 채워주실 것으로 기대한다.
 선행 연구자인 연세대 왕현종 교수의 조언과 감수에 감사한다. 전체 원고를 감수하고, 어렵게 발굴한 옛 토지조사 자료를 공유하고, 여섯 형제의 이력을 꿰어 맞추며 이석영 가족의 행적을 좇는 데 큰 도움을 주었다. 필자로서는 옛 고등학교 동기를 이런 일로 오랜

만에 만나는 일이어서 감회와 고마운 정이 남달랐다.

자신의 일처럼 이 일에 관심을 보이고 몇 차례 원고 감수를 해주신 우당교육문화재단 이종찬 이사장님의 격려가 큰 힘이 되었다. 일일이 원고를 정독하고 조언해주었고, 추가 자료를 제공하기를 몇 번이던가 거듭했다. 여러 사진 자료들 역시 우당기념사업회의 도움으로 지면에 실려 독자들을 만날 수 있게 되었다.

남양주시 김규원 학예연구사의 도움이 적지 않았다. 여러 자료를 제공해주었고 글 초고의 수정, 가필을 도왔다. 특히 이규준의 국내 독립운동 자금 모금 활동과 피검 사실은 그의 조사를 통해 확인할 수 있었다.

이석영 선양사업에 대한 여러 아쉬움을 지적하며, 보광사와 이유원의 관계, 이유원의 말년 가오곡 생활, 이석영의 독립운동에 미친 선각 불자들의 역할 등에 대해 증언해주신 보광사 주지 선우스님께 감사드린다. 증언의 일부는 전문적인 연구로 뒷받침할 일이어서 모두 기록으로 남겨놓지 못하여 아쉽고 송구하다.

이것저것 널린 일에 쫓기는 필자를 대신해서 교열, 윤문을 도운 아내 조명숙 씨의 노고에도 감사의 뜻을 적어둔다.

놀라운 삶이었다. 크게 감동받았고, 많은 걸 배웠다. 필력이 다하지 못하여 느낀 감동을 제대로 옮기지 못함이 아쉽다. 비록 기록은 미흡하지만 독자들께서 한 쌍의 부부, 두 위인의 삶을 한번쯤 들여다보는 계기가 되기를 고대한다.

그의 말년 삶을 곱씹으며, 부인이 세상을 떠나던 해 출간한 한 북방 시인의 시구가 겹쳐져 떠오른다.

'하늘이 세상을 내일 적에 그가 가장 귀해 하고 사랑하는 것들은 모두 가난하고 외롭고 높고 쓸쓸하니 그리고 언제나 넘치는 사랑과 슬픔 속에 살도록 만드신 것이다'

이 시구를 가진 것 모두를 비우고 간 한 영웅의 삶에 대한 헌사로 바친다.

2020년 7월
노 항 래

그 뜻 누가 알리오!
독립운동가 이석영 선생 약전(略傳)

초판 1쇄 인쇄일 2020년 8월 11일
초판 1쇄 발행일 2020년 8월 18일

기록	노항래
감수	왕현종
편집	김세라
사진	강남욱
디자인	윤현정
인쇄·제책	황금연필

펴낸이	천호선
펴낸곳	도서출판 은빛
출판등록	2013년 4월 26일
주소	서울시 은평구 통일로 684 서울혁신파크 1동 303-B호
홈페이지	www.mylifestory.kr
전화번호	070-8770-5100

가격	12,000원
ISBN	979-11-87232-21-6 (03990)

* 이 책의 내용은 저작권법의 보호를 받는 저작물이므로 무단전재와 복제를 금합니다.
 (CIP제어번호 : 2020033469)